职业资格培训教材

母婴护理师

人力资源和社会保障部教材办公室组织编写

中国劳动社会保障出版社

图书在版编目(CIP)数据

母婴护理师/人力资源和社会保障部教材办公室组织编写．—北京：中国劳动社会保障出版社，2012

职业资格培训教材

ISBN 978-7-5167-0094-5

Ⅰ.①母…　Ⅱ.①人…　Ⅲ.①产褥期-护理-技术培训-教材②新生儿-护理-技术培训-教材　Ⅳ.①R473.71②R473.72

中国版本图书馆CIP数据核字(2012)第262207号

中国劳动社会保障出版社出版发行

（北京市惠新东街1号　邮政编码：100029）

出版人：张梦欣

*

北京市艺辉印刷有限公司印刷装订　新华书店经销

787毫米×960毫米　16开本　14印张　226千字

2012年11月第1版　2026年1月第24次印刷

定价：27.00元

营销中心电话：400-606-6496

出版社网址：http://www.class.com.cn

母婴护理师职业资格培训教材
编写指导委员会

主　任：仇建国　陈文山　王书荃

委　员：张希林　王廷礼　郭建国　徐素珍　邹东生

本教材编写人员

主　编：邸慧敏

参　编：王廷礼　徐素珍　邹东生　王丽波　钟　玲　郭　英

内容简介

为促进母婴护理师在培训、招聘及任用方面全面实现标准化、正规化和科学化，人力资源和社会保障部教材办公室组织编写了母婴护理师职业资格培训教材。

本教材主要内容包括：母婴护理师的职业素质、女性生殖系统与胎儿发育、孕妇的护理与保健、产妇的护理、产妇的膳食营养与制作、新生儿的喂养、新生儿特点及日常护理、新生儿专业护理与保健、新生儿潜能开发等。

本教材是母婴护理师职业技能培训用书，也可供相关人员自学与参考使用。

编写说明

随着我国社会经济的发展，人们生活节奏的加快，生活理念也正在发生变化，越来越多的“80后”新建家庭逐渐摒弃以前陈旧的母婴护理观念，开始重视专业、科学的母婴护理和保健工作。近年来，人口老龄化、人均可支配收入的提高、生育高峰等方面的因素，极大促进了社会对母婴护理师从业人员的需求，相应从业人员的收入也水涨船高，过万元的月工资收入屡见不鲜。这也促进了母婴护理服务行业的迅猛发展，迎来了母婴护理师职业发展的新契机。

为适应母婴护理师职业发展的需要，为社会培养具有良好职业道德、掌握专业、实用知识和技能的母婴护理从业人员，北京金童职业技能培训学校在多年举办人力资源和社会保障部母婴护理师岗位培训的基础上，联合北京妇产医院、中央教育科学研究所、中国优生科学协会、中华育婴协会等单位的母婴护理和教育专家编写了本教材。

本教材主要内容包括：母婴护理师的职业素质、女性生殖系统与胎儿发育、孕妇的护理与保健、产妇的护理、产妇的膳食营养与制作、新生儿的喂养、新生儿特点及日常护理、新生儿专业护理与保健、新生儿潜能开发等。

本教材力求体现“以职业活动为导向，以岗位技能为核心”的指导思想，内容充分反映了当前从事职业活动所需要的核心知识与技能，较好地体现了实用性、适用性和先进性。

北京金童职业技能培训学校（www.jtschool.org）、北京金婴慧母婴生活会馆、辽阳金澎家政职业培训学校在本教材编写过程中，提供和协助拍摄了大量相关图片，在此一并表示衷心的感谢。

母婴护理师是快速发展起来的新兴职业，由于编写人员水平有限，知识和经验不够全面，本教材的缺点和疏漏之处在所难免。欢迎各使用单位及个人提出宝贵意见和建议，以便教材修订时补充更正。

2012 年 10 月

目录

第一章 母婴护理师的职业素质

母婴护理师职业定义是运用相关知识和技能，专业从事孕妇、产妇和新生儿的生活照料、日常保健护理的工作人员。母婴护理师必须具备良好的职业道德，了解相关知识和掌握相关技能，应具有良好的身体素质、心理素质、文化素质。母婴护理师与相关职业育婴师的职业服务范围有很大区别，母婴护理师的服务对象是孕产妇和新生儿，而育婴师（主要从事0～3岁婴儿照料、护理和教育的人员）主要是关注3岁以内的婴儿，两者的共同点是都需要对新生儿进行照看和护理。

第一节　母婴护理师职业道德及行为准则

一、母婴护理师的职业道德规范

职业道德是指同人们的职业活动紧密联系的符合职业特点要求的道德准则、道德情操与道德品质的总和。它既是对母婴护理师在职业活动中行为的要求，同时又是该职业对社会所负的道德责任与义务。

1. 良好的职业操守

母婴护理师要有正确的从业动机，热爱自己的工作，对婴儿有爱心，能充分认识自己工作的社会价值和意义。爱岗敬业，尽职尽责，遵纪守法，诚实守信，尊老爱幼，文明执业，是职业道德观念的核心。应守时守信，遵守约定，坚守岗位，不无故违约、不辞而别，以促进产妇、新生儿及家庭的健康和幸福为己任。另外，在一个客户家里工作会了解到一些家庭的信息和家庭隐私，一定要保守秘密。

2. 以客户为中心的服务理念

服务行业需要有服务客户的意识，有以客户为中心的精神。母婴护理师要以维护母婴健康为己任，满足母婴的需求，对产妇和新生儿进行悉心的照顾。对产妇热情和蔼，悉心服务；对婴儿富有爱心，有责任心。要全天候对产妇和新生儿进行呵护，守护婴儿的安全。

一定要有良好的服务态度，每个家庭都有自己的生活习惯，母婴护理师进入客户家庭后，要尊重客户的生活习惯，对于饮食口味、作息时间、物品摆放等都要依照客户的习惯和爱好。客户家人的性格、脾气、爱好各不相同，应尊重客户家人，懂得谦让、宽容，处理好与家庭成员的关系，努力做到说话得体，和蔼可亲，文明礼貌地对待所服务家庭中的每一个人；不参与客户家庭发生的内部矛盾，做好本职工作，为产妇和新生儿服务。

3. 积极主动的工作意识

母婴护理师要有敬业精神和吃苦耐劳的精神，工作内容琐碎，涉及母婴生活的方方面面，所以手要勤，心要细。工作认真、严谨，按照专业要求，进行规范操作，工作中要细心和耐心，避免粗心带来工作的失误。母婴护理师要勤奋且有责任感，对属于自己工作范围内的工作积极主动，不推脱，不偷懒，不消极怠工。母婴护理师是居家的从业人员，需要有较强的时间观念和良好的工作习惯，做好时间安排，有条不紊地完成日常工作。还要具有良好的卫生习惯、安全意识。通过辛勤的努力让客户信赖，赢得客户的认可和好评。

4. 专业熟练的服务技能

应加强学习，提高自身素质，要认识到母婴护理服务并不是一件简单的工作。母婴护理师在护理产妇和新生儿的过程中，包含着大量的专业知识和各种生活技能的运用。只有勤奋好学，掌握必要的科学护理知识，积累实际操作的经验，才能完成母婴护理师的服务工作。母婴护理师的工作技能非常重要，要具备全面的科学育儿经验，能对常见问题进行妥善处理。专业技能（如开奶、煲汤、给新生儿洗澡、脐带护理、抚触按摩）的掌握，新生儿黄疸、红臀、吐奶等常见异常情况的处理，以及换尿布、穿衣服等操作的熟练程度直接影响到客户的满意度，只有参加规范专业的培训，融合掌握更多的专业技能，如营养知识、护理知识、心理知识等各方面的知识技能，对自己的技能精益求精，不断提高工作质量和效率，才能成为优秀的母婴护理师。

二、母婴护理师的工作准则与专业修养

1. 工作准则

（1）认真履行工作职责，具有服务意识和奉献精神。

（2）不论贫富贵贱，平等地对待每一个孕产妇和新生儿，让他们得到安全、健康的照顾和护理。

（3）掌握先进的母乳喂养理念和方法，对产妇进行科学的母乳喂养指导和宣教。

（4）掌握新生儿身心发育的特点和规律，促进其潜能的充分发展。

（5）熟练掌握母婴护理的专业知识和操作技能。

（6）尊重客户的宗教信仰，对客户的家庭和个人隐私严格保密。

（7）虚心接受客户的批评和建议，不断改进工作质量。

（8）遵守基本礼仪，避免衣着暴露，养成进门先敲门的习惯，服务时做到说话轻、走路轻、操作轻。

（9）不得移动客户的贵重物品，未经许可，不使用客户的电话、计算机等。

（10）不向客户索要财物或借钱，服务签约后无特殊情况不得毁约或辞工。

2. 专业修养

（1）良好的学习意识。

（2）富有爱心、耐心、诚心和责任心。

（3）热爱并尊重每个母亲和婴儿。

(4) 具有现代的母乳喂养理念及科学的护理知识。

(5) 具有广泛的兴趣及宽泛的知识面。

(6) 善于沟通，具有与人合作的能力。

(7) 具有分析和解决问题的能力。

(8) 身体健康，无传染病，具备积极、平和、乐观、宽容的健康心理状态。

三、母婴护理师的工作职责

母婴护理师的主要服务对象是孕产妇和新生儿，肩负着保障他们的安全和健康的重任。母婴护理师的工作职责主要包括以下内容：

1. 孕妇护理

妊娠期卫生保健，孕期营养，分娩陪护。

2. 产妇护理

(1) 生活护理。保持环境舒适安静，室内空气清新，产褥期产妇身体情况的观察和清洁，伤口护理，清洗、整理产妇衣物，在产妇不能自理时帮助产妇擦洗身体。

(2) 乳房护理。协助产妇喂哺，热敷、按摩乳房，使产妇不发生乳房胀痛。

(3) 母乳喂养指导。指导产妇正确的哺乳姿势、母乳喂养的方法等。

(4) 产后恢复。指导产妇做好产后保健操，促进产妇体形恢复。

(5) 营养配餐。合理安排产妇饮食，为产妇制作营养餐，保证充足的营养。

(6) 心理指导。与产妇沟通、交流、分享，倾听产妇的诉说，使产妇心情舒畅。

3. 新生儿护理

(1) 生活照顾。保持良好的居室环境、清洁卫生、室内空气清新，料理新生儿的饮食起居，根据需要进行喂哺，洗澡，换洗新生儿尿布和其他衣物。

(2) 专业技能。为新生儿测量体温，对新生儿脐带进行消毒，对尿布、毛巾、奶瓶等婴儿生活用品进行清洗、消毒，护理二便三浴，观察新生儿黄疸消退情况。

（3）预防常见病。观察新生儿大小便是否正常，身体有无异常，预防尿布疹、鹅口疮等常见病的发生，发现异常及时提醒并协助到医院就诊。

（4）促进健康。协助为新生儿做抚触、“游泳”训练和婴儿被动操等。

第二节　职业礼仪和沟通技能

在与孕产妇及其家庭成员打交道的过程中，母婴护理师的仪容仪表、礼节礼貌、沟通技能会直接影响到家庭成员对其的评价及满意度。良好的礼仪和沟通技能有助于取得客户的尊重和信任，建立和谐的人际关系，保证工作的顺利开展。

一、母婴护理师的职业礼仪

1. 仪容仪表

母婴护理师的仪表不但可以体现她的文化修养，也可以反映她的审美品位。母婴护理需要入户工作，在与客户近距离接触过程中，个人的仪容仪表非常重要。作为一名合格的母婴护理师，要关注自己的整体仪表和端庄的仪容，具体要求是：

（1）面部洁净，避免浓妆。头发干净整齐，长发要盘起。

（2）注意手部卫生，勤洗手，勤剪手指甲，保持短而洁净。手部皮肤要护理好，避免粗糙和干裂。

（3）保持良好的个人卫生习惯。每日洗澡，饭后漱口，保持身体、口腔无异味。

（4）着装要与工作职业相适应。着装要大方得体，简洁朴素，方便工作，不要穿裙子，不能穿着暴露、短小、紧身、艳丽的服装；衣服胸前不要有拉链、金属扣、亮片等装饰物，以免划伤婴儿。

（5）工作服要干净整洁。每日换洗，避免带有污渍、散发异味。

（6）穿方便舒适的平底鞋，鞋面保持整洁。

（7）不喷香水，不涂指甲油，不佩戴任何首饰，如戒指、手镯、耳饰、项链等。

2. 体态礼仪

母婴护理师的举止动作要文雅礼貌、大方得体。站有站相，坐有坐相，举止端庄，落落大方。

（1）站姿。站立时应挺直、舒展，给人一种端正、庄重的感觉。起立站好，双腿并拢或分开不过肩，两足并立，但不要贴得太近，以站稳为好，收腹挺胸，两肩平行，双臂自然下垂，头正，眼睛平视，下颌微收。切忌东倒西歪、驼背凸腹、含胸撅臀、探头歪肩、两手抱在胸前或叉腰或手里玩弄什么东西。与人交谈时，不要扭动身子、东张西望、晃动腿脚。

（2）坐姿。落座要轻，动作要轻而缓，入座后头要正，上身向前倾，双腿轻轻并拢，并把两个脚后跟微微提起。身体占据椅子的1/3，背要直，双臂自然下垂或左手轻握右手四指，自然放在大腿上，也可两手分开，左手放在左腿上，右手搭在左手背上。如坐沙发则腰要挺直，两腿垂地微内收，可并拢垂直，可并拢倾斜，也可膝盖并拢而小腿成开关状。切忌风风火火、身体前后左右摆动、两腿叉开、跷二郎腿或抖腿、弯腰驼背、手扶下巴。

（3）走姿。走路时头正、颈直，上身正直不动，两肩相平不摇，两眼平视前方，步子略有弹力，步幅适中均匀，跨步时两脚间距离是本人一脚之长，步伐要轻快，起脚干净利索，挺胸收腹，两臂自然前后摆动，显得自信、快乐、富有朝气。不要弯腰驼背晃肩、摇头扭胯，脚步不要拖拖拉拉，不要将手插入裤袋，或倒背着手走路。

（4）其他体态礼仪。在接待客人说“请进”或“请坐”时要舒展大方，应面带微笑，点头示意。

3. 交往礼仪

母婴护理师在与客户交往时要保持平静，以体现出自己内在的气质、修养、情操和性格特征。要经常面带微笑，让人感觉亲切。

（1）沟通礼仪

1）当被介绍给他人时，应该面对着对方，显示出想结识对方的诚意。等介绍完毕，可以说“您好!”等客气话表示友好。

2）自我介绍时，可主动打招呼说声“您好!”来引起对方的注意，然后说出自己的姓名、身份。

3）介绍的身体语言。注意手势、站姿、眼神、表情的协调配合。

（2）用餐礼仪。母婴护理师常要与产妇及其家人一起用餐，掌握必要的用餐礼仪有利于增进和客户之间的融洽关系，要做到以下几点：

1）入座。用餐时入座要在他人之后入座，切勿抢先入座。根据实际情况找好自己的位置，在适当之处入座。以左侧入座为佳。入座要听从客户家人安排。如有必要，向周围人致意后入座。

2）个人盘内的饭菜要尽量吃净，骨头、餐巾纸或其他物品不能随手扔在地上，要尽量小范围地放在自己盘子周围。

3）一次性夹起的菜不要太多，如不够，可以再取，如果客户为你夹菜，要用语言或动作表示感谢。用筷子无法夹起的菜可用勺子帮助，不可用手帮忙。

4）要双手去接别人斟满的酒。不喝酒时，不要将酒杯倒置，如替别人倒水，茶壶的嘴一定不能朝向客人。

5）吃东西要文雅，细嚼慢咽，不要发出声音。嘴里有食物时尽量不要说话。用餐时交谈要轻声，不要影响他人。

6）吃饭时要注意照顾别人，尤其是与老人和小孩一起吃饭时，要注意照顾老人和小孩。

7）用完餐离座时应注意先有表示，如向身边在座的人说“请您慢用”，然后起身离座。将用过的餐具收入厨房，把餐桌收拾干净。离座应注意，不要拖泥带水、弄响座椅、弄掉椅垫等。

4. 居家礼仪

（1）接待客人礼仪。接待来客既有学问也有艺术，只要掌握了待客的基本礼仪的一般程序，就掌握了迎宾待客的基本方法。配合客户把宾客接待好，不仅客人高兴，客户也显得体面，同时还显示出母婴护理师有教养、有素质。

以下 4 点是接待客人所要注意的：

1）做好准备工作。如果是接待事先预约好的客人，首先要布置好接待环境，其次要准备好接待物品，还要注意自己的服饰和仪表，要有充分的思想准备，使客人感到文雅有礼。

2）做好接待工作。当客人光临时，首先要做好迎接客人的工作，门铃一响迅速应答，开门彬彬有礼，其次要做好招待客人的工作，客人入门后，把客人引导至相应的座位，端水倒茶等。注意茶要八分满，如果有条件用小托盘给客人端茶，稳妥地送到客人手里或是放在客人最容易拿到的地方，礼貌地说“您请用茶”，禁止用手拿茶杯的口部。递茶水的时候一定要用双手。

如果在无准备的情况下客户要留客人在家用餐，在做准备时应将客户请到另一房间商量，了解清楚饭菜特点、丰盛程度等，切忌当着客人的面做上述工作。

3）宾主谈话期间尽量不要在室内走动。如果收到客人的礼物，要把礼物放到上座或显眼的地方，以示对客人的尊敬。

4）最后要做好礼貌送客工作。注意不要喧宾夺主，在送别的时候不要同客人进行过多的交谈，注意送别的态度，给客人留下好的印象。

（2）手持物品或递接他人物品时的礼仪

1）安全。手持物品时，可根据其具体重量、形状以及易碎与否，采取不同的手势。既可以双手，也可以只用一只手。但是，最重要的是确保物品的安全，轻拿轻放，防止伤人或伤自己。

2）卫生。持物时卫生问题不可不察。为人取拿食品时，切忌直接下手。敬茶、斟酒、送汤、上菜时，千万不要把手指搭在杯、碗、碟、盘边沿，更不能无意之间使手指浸泡在其中。

3）双手为宜。有可能时，双手递物于人最佳。不方便双手并用，也要采用右手。以左手递物通常被视为失礼之举。

4）递于手中。递给他人的物品，以直接交到对方手中为好。不到万不得已，最好不要将所递的物品放在别处。

5）主动上前。若双方相距过远，递物者理当主动走近接物者。假如自己坐着的话，还应尽量在递物时起身站立。

6）方便接拿。在递物于人时，应为对方留出便于接取物品的地方，不要让其感到接物无从下手。将带有文字的物品递交他人时，还须使其正面面向对方。

7）尖、刃内向。将带尖、带刃或其他易于伤人的物品递于他人时，切勿以尖、刃直指对方。应当使其朝向自己，或是朝向他处。

8）接取物品。应当目视对方，而不要只顾注视物品。一定要用双手或右手，绝不应只用左手。必要时应起身站立，并主动走近对方，当对方递过物品时，再以手前去接取。

（3）接打电话的礼仪

1）听到铃声快接电话。如果家中有人而让对方等较长时间是对对方的不尊重。如果确实不能很快接电话，拿起听筒后应先说“对不起，让您久等了”。

2）先要问好，礼貌应答。应先说“您好”，然后再问清对方找谁、对方的姓名，如“请问您找哪一位”“请问您怎么称呼”“请您稍等”。如果对方问你是谁，你要清楚告诉对方“我是他家的母婴护理师”，不能默不做声、不予反应。结束通话时要说告别语“再见”并在对方挂断电话后再轻轻放下听筒，千万不能在对方还没放下电话时就摔下电话听筒。如接到打错的电话，也要平静地告诉对方“你要的电话错了”。

3）备好纸笔，做好留言。如客户不在家，要清楚地告诉对方他（她）现在不在家，询问“我帮您记一下留言好吗?”要记下对方的姓名、电话号码、来电时间，记下对方找哪一位，记下留言主要事项，是否需要回电话等，并重复一遍，请对方确认。待客户回家后及时传达。

4）打电话要简要明了。先要将打出电话的号码、要找的人的姓名、要说的事情搞清楚，准备好再拨叫，打通后应先说“您好”，再询问要找的人是否在，主动报上自己的姓名，通话内容要简单明了。

5）不能用客户家电话打私人电话。

二、母婴护理师的言语沟通技能

言语沟通能力是一项技能。掌握沟通的技巧，与客户交流时能随时陈述自己的意见，而且不引起他人的反感。与客户沟通时注意充满自信，落落大方，笑容可掬，亲切友好。交谈时应做到实事求是，态度要谦虚。与人交谈时口齿要清楚，尽量讲普通话，使用规范的礼貌用语，“请”字开头，“您”字不离口。

1. 称呼得体

对客户的家人要像对自己的亲人一样，按年龄和辈分来称呼家庭成员，对比自己年龄稍大的夫妻，可称大哥、大姐，如果客户比自己年轻，也要注意不能直呼其名，应跟他商量一下称呼。年长的客户，可称呼伯伯、叔叔、阿姨。也可以取得许可，随小孩称呼他们的长辈，如宝宝爸爸、宝宝妈妈、宝宝奶奶等。

2. 日常礼貌用语

（1）问候语。问候语用于见面的时候。例如，“您好”“早上好”“欢迎您”，这种问候要亲切、自然、和蔼，同时脸带微笑。

（2）辞别语。辞别语用于分别告辞时。如“再见”等，这种告别语要真诚、恭敬。

（3）答谢语。答谢语用于向对方感谢。例如，“非常感谢”“劳您费心”“感谢您的好意”“多谢您的帮助”。这种答谢语要恳切。如对方向母婴护理师说出答谢语的时候，要回答“这是我应该做的”等。

注意如果需向对方表示拒绝，一定要注意语气的婉转。例如，要拒绝对方夹菜（自己不想吃的时候）可说“不，谢谢了”，而不能生硬地说“我不要”“我不吃”。

（4）请托语。请托语用于向别人请求帮助时。例如，“请问”“拜托您”“帮个忙”“请稍等”“麻烦您关照一下”等，这种请托语要委婉谦恭。

（5）道歉语。道歉语用于向对方道歉。例如，“对不起”“实在抱歉”“请多多原谅”“都是我的错”等，这种道歉语要真诚。

（6）征询语。征询语用于向别人询问时。例如，“您有什么事需要我帮忙吗?”“这样做会打扰您吗?”“我能帮您做点什么?”等，这种征询语要让人感到关心和体贴。

（7）慰问语。慰问语用于对别人表示关心。例如，“您辛苦了”“让您受累了”“您快歇会儿”等，给人一种善良、热心的感觉。

（8）祝贺语。祝贺语用于当别人有喜事要祝贺时。如“恭喜”等祝词。

（9）夸赞语。夸赞语用于诚心赞美。

3. 避免说的话

忌用不礼貌言语，忌无称呼用语，忌蔑视语、烦躁语。

避免说冷淡的话、没感情的话、否定性的话、他人的闲话、太专业的用语、过于深奥让人理解不透的话。

4. 倾听的技巧

沟通是双向的，母婴护理师在与客户沟通中要做到用心倾听，努力做到三分说、七分听。

5. 察言观色的技巧

在实际交往中要察言观色，随机应变。人们可以利用肢体语言观察和了解别人，“眼色”是“脸色”中最应关注的重点。

6. 沟通中的注意事项

（1）避免说错话。说话前要先思考，为了避免说错话而引起他人的不悦，在说之前先想想自己想说什么、该说什么和怎么说。

（2）失言后不要编借口。如果确实说错了话，就必须立刻道歉，勇于承认错误，不要编一大堆借口，以免越描越黑。许多人都会对敢于承认自己错误的人有好感。

（3）不要争上风。应避免在和他人交谈时总想分出个高低，在他人的话里寻找漏洞，常为某些细节争论不休，或常纠正他人的错误，借以炫耀自己的知识。说话是和别人沟通，不是和别人比赛。

三、母婴护理师入户上岗的技巧

1. 非语言沟通

母婴护理师在服务过程中会接触各行各业、形形色色的客户。在入户沟通中为了达到良好的沟通效果，除了注意语言外，还要注意运用非语言沟通的技巧，如点头、微笑等。非语言沟通是相对于语言沟通而言的，在人际沟通和交流中它起到辅助作用，但它的沟通效果却是极其明显甚至不可替代的，人们可以利用肢体语言来向对方表达意图，非语言沟通具有重复、加强、补充、规范语言沟通的功能。

（1）体态语言。体势会流露出对人的态度，思想感情会从体态中反映出来。大方、得体的仪态能显示出修养和交往技巧，主要有以下几点：

1）面部语言。在人际交往中面带微笑，一个友好真诚的微笑，会传递给别人高兴、欢悦、同意、尊敬的信息。微笑能够使沟通在一个轻松的氛围中展开，可以消除由于陌生、紧张带来的障碍。

2）头部语言。如点头、摇头、低头、抬头等，表达的意思简单，一目了然。

3）眼睛语言。在沟通中保持与客户的温和的目光接触。

4）体势语言。交谈中身体略微倾向对方，表示热情和兴趣；微微起身，表示谦恭有礼。

（2）声调和语速。恰当、自然地运用声调，是顺利交往成功的条件。一般情况下，柔和的声调表示坦率和友善。语速不可太快或太慢，应尽量与客户保持一致。

（3）服饰语言。穿着适合自己工作性质的服饰，应该大方、得体，使对方产生信赖感。

2. 客户面试常见问题

母婴护理师参加客户面试时的沟通表现是顺利入户的重要环节，首先应该了解面试的常见问题。以下是需要回答的常见问题：

（1）询问基本情况。姓名、年龄、籍贯，工作几年了？目前在哪住？照看过几个产妇和婴儿？有什么特长和爱好？

（2）是否有三证（身份证、健康证、上岗证）？在哪个机构接受过正规专业的培训？获得哪些证书？证书是否可以在人力资源和社会保障部门官方网站查询？

（3）有没有遇过比较难带的婴儿？是否带过双胞胎、早产儿等？具体说说都有些什么情况？

（4）询问入户后的工作内容，主要负责什么工作？为产妇和婴儿都需要做哪些工作？一天的工作是怎样安排的？顺带做家务吗？

（5）产妇护理方面的问题。如何进行母乳喂养？是否会进行乳房护理？会开奶吗？没奶怎么办？产妇护理都注意什么？顺产和剖宫产的护理有什么不一样？坐月子都注意什么？会帮助产妇产后恢复吗？月子餐一般都吃什么？哪些东西下奶？会做哪些月子餐？会做哪些拿手菜？

（6）新生儿护理方面的问题。新生儿月子里有哪些常见病？应如何护理？给新生儿洗澡有哪些需要注意的？脐带没脱落是否能洗澡？会给新生儿做“游泳”训练吗？晚上怎么喂奶？晚上新生儿跟谁睡觉？新生儿需要什么锻炼？月子里是否给婴儿做抚触、抬头等基本训练？

3. 参加面试时的注意事项

（1）要学会自信地跟客户沟通，展现出自己的素质和能力，争取得到客户的认可。

（2）头发、手部要整齐、干净，服装要大方、整洁。面试时要把各种证件（最好是原件）带齐。

（3）要热情地问候，自然地微笑，身体稍微前倾，与对方有目光交流，适当点头示意。

（4）对客户要有礼貌，正确称呼。

（5）回答问题时态度要谦和，吐字要清楚，要有条理，回答时避免思路混乱。

（6）正确地回答客户所关心的问题，忌所答非所问。

（7）诚实回答问题。

（8）忌面试时问客户一些与工作无关的问题。

4. 母婴护理师入户上岗须知

（1）要到指定医院体检，取得健康合格证。

（2）应到正规的培训机构接受专业培训，取得上岗证书。切忌买卖和伪造证件。

（3）应了解客户家的基本情况，如新生儿的情况、客户籍贯、住址、电话、是否有老人帮忙等。

（4）应了解客户对服务工作的要求和注意事项。

（5）应了解客户需要什么类型的服务，尽可能了解所服务客户的详细需求。

（6）上岗自带衣物和日常生活用品。

第三节　母婴健康素养的基本知识与技能

一、基本知识和理念

（1）促进母亲和婴儿健康，提高出生人口素质，是每一位公民的社会责任。

（2）怀孕和分娩是人类繁衍的生理过程，应当做到有计划、有准备。准备生育的夫妇，应当到医疗保健机构接受孕前保健服务。

（3）吸烟与被动吸烟会导致流产、死胎、早产、低出生体重。

（4）准备怀孕的妇女和孕妇，应当避免接触生活及职业环境中的有毒有害物质，避免密切接触宠物。

（5）孕前3个月至孕早期3个月补服叶酸可预防胎儿神经管缺陷。

（6）产前检查内容主要包括测量血压、体重、宫高、胎位、胎心率，血、尿化验和B超检查等。

（7）首次产前检查应当做乙肝、梅毒和艾滋病检查。

（8）产前诊断可发现胎儿某些先天性缺陷和遗传性疾病。35岁以上的孕妇属于高龄孕妇，应当进行产前诊断。

（9）孕妇正常血压为收缩压低于140毫米汞柱，舒张压低于90毫米汞柱。

（10）孕妇血红蛋白应当不低于110克/升。

（11）怀孕期间，如果出现高热、头晕、头痛、呕吐、视物不清、阴道出血、腹痛、胎膜破裂（破水）、胎动异常等情况，应当立即去医疗保健机构就诊。

（12）怀孕24～28周，建议做妊娠期糖尿病筛查。

（13）足月产是指怀孕37～42周之间分娩。

（14）自然分娩是对母婴损伤最小、最理想的分娩方式。

（15）临产的征兆为出现规律、伴有疼痛且逐渐增强的子宫收缩，每次持续30秒或以上，间隔 5～6 分钟。

（16）在孕产期各阶段，孕产妇都可能出现不同程度的心理变化，放松心情有助于预防孕期和产后抑郁。

（17）母乳是婴儿最理想的天然食物，提倡纯母乳喂养 6 个月。1 岁以下婴儿不宜食用鲜奶。

（18）正常足月新生儿的出生体重在 2 500～4 000 克之间，超过 4 000 克为巨大儿，不足 2 500 克为低出生体重儿。

（19）新生儿出生后应当进行新生儿疾病筛查。

（20）新生儿可能出现生理性体重下降，一般不超过出生体重的 10%，出生后 7～10 天恢复至出生体重。

（21）新生儿生理性黄疸一般在出生后第 2～3 天出现，第 7～10 天开始逐渐消退。

（22）新生儿脐带脱落的时间一般在出生后 1～2 周。

（23）新生儿满月时，体重至少应当比出生时增加 600 克。

（24）应当保证新生儿睡眠充足，一天睡眠时间一般为 16～20 小时。

（25）婴儿从出生开始，应当在医生指导下每天补充维生素 D 400～800 国际单位。正常足月新生儿出生后 6 个月内一般不用补充钙剂。

（26）父母或看护人应当经常与婴儿交流，及时满足婴儿的各种需要。

（27）婴儿乳牙一般在出生后 4～10 个月之间萌出。

（28）婴儿出生后要按照免疫规划程序进行预防接种。

（29）婴幼儿的前囟一般在出生后 12～18 个月闭合。

二、健康生活方式和行为

（1）孕妇应当坚持早晚刷牙、餐后漱口。

（2）孕妇应当禁烟禁酒，最好不穿高跟鞋、不染发、少化妆，服装以舒适为宜。

（3）孕妇每天应当进行 30 分钟以上的适宜运动。

（4）孕妇应当至少接受 5 次产前检查并住院分娩。首次产前检查应当在怀孕 12 周以前。

（5）孕妇应当保证合理膳食，均衡营养，在医生指导下适量补充铁、钙等营养素。

（6）孕中期钙的适宜摄入量为每天 1 000 毫克，孕晚期及哺乳期均为每天 1 200 毫克。

（7）孕妇应当维持体重的适宜增长。孕前体重正常的孕妇，孕期增重值为 12 千克左右。

（8）产妇在哺乳期应当适量增加鱼、禽、蛋、肉及新鲜蔬菜和水果的摄入。

（9）产妇应当养成良好的个人卫生习惯，提倡开窗通风、刷牙、洗澡等。

（10）应当在新生儿出生后 1 小时内开始喂奶，早接触、早吸吮、早开奶，按需哺乳。

（11）从出生后 6 个月开始，需要逐渐给婴儿补充富含铁的泥糊状食物。

（12）婴儿添加辅食后可继续母乳喂养至 2 岁或 2 岁以上。

（13）产后 42 天左右，母亲和婴儿均应接受一次健康检查。

（14）婴儿在 3、6、8、12 月龄时，应当接受健康检查。

（15）有不满 1 周岁婴儿的女职工，在每班劳动时间内可以享受两次哺乳（含人工喂养）时间，每次 30 分钟。

三、基本技能

（1）记住末次月经，学会计算预产期。

（2）孕妇一般在怀孕 18～20 周开始自觉胎动，在孕晚期应当学会胎动计数的方法。

（3）孕产妇患病应当及时就诊，在医生指导下服用药物。需要紧急医疗救助时，拨打 120 急救电话。

（4）哺乳期妇女应当采取有效的避孕措施。

（5）给婴儿添加的非乳类食物应当多样化，注意少糖、无盐、不加调味品。

（6）婴儿的咀嚼能力应当从出生后 7～8 个月开始锻炼，10～12 个月可以培养婴儿自己用勺进食。

（7）婴儿体温超过 38.5℃时，需要在医生指导下采取适当的降温措施。

（8）婴儿发生腹泻不需要禁食，可以继续母乳喂养，及时补充液体，避免发生脱水。

（9）通过数呼吸次数可早期识别肺炎。在安静状态下，出生后 2 天～2 个月的婴儿呼吸次数不超过60次/分，2～12个月不超过50次/分。

（10）避免婴儿发生摔伤、烧烫伤、窒息、中毒、触电、溺水等意外伤害。

第四节 母婴护理师安全防护常识

一、家庭防火知识

1. 家庭火灾的防范原则

（1）注意用电安全，正确使用家电。入睡或离开家前，必须将电器断电；人走断电，用毕断电，停电时也要临时切断电源；用电设备长期不使用时，应切断电源开关或拔下插销。家用电器使用中要防潮、防热、防灰、注意通风。不在电器周围堆放可燃物品等；电器突然发生故障，应先断电、通知客户，不得擅自修理。

（2）正确使用燃气，防止燃气泄漏。燃气泄漏时应先关阀门，开窗通风，严禁用火、用电。发生燃气泄漏后，燃气灶具不能点火，不得启动电器开关，不得在室内打手机。防止化纤衣服产生静电火花及鞋底铁钉与地面摩擦产生火花。必要时采取安全措施驱散燃气。

（3）正确处理易燃易爆物品，保持通道畅通。点蜡烛、蚊香时必须用适当的容器装好，并远离易燃物品；禁止将未熄灭的烟头等火种倒进垃圾桶。切勿在走廊、楼梯口等处堆放杂物，要保证通道和安全出口的畅通。

2. 家庭火灾的处理

（1）家庭灭火措施。家中一旦起火，切忌惊慌失措，应根据火情大小、性质做出判断。首先切断电源、气源。如果火势较小，应抓住时机迅速利用家中的灭火工具灭火，同时呼救请他人帮助；如果火势较大，应立即报火警“119”，报警内容简明扼要，说清地点、起火原因、联系电话，姓名等，有条件最好派人到路口迎候消防车，抱着婴儿迅速离开火场。

（2）家庭灭火方法。家具、衣物、纸张等起火，可直接用水扑救，把水直接泼洒在燃烧物上熄灭火焰；还要用水把着火点附近的可燃物浇湿，使之降温；也可用沙土、淋湿的棉被等捂盖在燃烧物表面，使之隔绝空气而终止燃烧，对衣服可以进行拍打灭火。

燃气起火，先立即关闭燃气阀门，切断气源，然后用家用灭火器喷灭火源或用浸湿的被褥、衣物等捂灭火源。

油锅起火，不能泼水灭火，应关闭燃气阀门，直接盖上锅盖或用湿抹布覆盖，让火缺氧自熄。还可向锅内放入切好的蔬菜冷却灭火。

家用电器或线路着火，要先切断电源，再用干粉或气体灭火器灭火，不可直接泼水灭火，以防触电或电器爆炸伤人。

身上起火时不要乱跑，可就地打滚或用厚重衣物压灭火苗。

救火时不要贸然开门窗，以免空气对流，加速火势蔓延。

烟雾较大时，可用湿毛巾捂住口鼻，匍匐逃生。逃生时应随手关闭身后房门，防止烟气尾随进入。

二、家庭防盗知识

经济社会时代，各种犯罪行为时有发生，作为家庭中的一员，母婴护理师在工作中要提高警惕，加以防范，防止入室盗窃事件的发生。

钥匙要随身携带，不要乱扔乱放，防止有人趁机印模复制，若将钥匙丢失，及时告知客户，更换门锁。

外出前要将门窗关好，并检查门锁是否锁好；独自一人在家时，如有主人未交代的访客，应礼貌拒绝，并记录联系方式通知客户；客户家中无人的时候，不要让自己的朋友、老乡等进入客户家中，以防出现意外情况。

不要敞开大门，即使家中有很多人也要记得关好大门，以免犯罪分子趁机混入室内。当听到敲门声或门铃时，应先从门镜向外观察情况，如有必要可扣上门链后把门打开一定的角度。

外出回来时，尤其是晚上，走路时要提高警惕，避开偏僻的路段。必要的时候，要及时呼救或报警。

三、家庭意外事件的处理

由于人们忙碌、疏忽等原因，常会导致一些意外事故的发生。母婴护理师要应对具体意外事件采取紧急救护措施。

1. 煤气中毒

发现有人煤气中毒，应立即切断气源，打开窗户通风，并将患者搬至空气新鲜、流通且温暖的地方。对昏迷者，可以用指尖用力掐人中、十宣等穴位，并及时拨打“120”急救电话。

2. 意外触电

如果发现家中有人不幸触电，应保持冷静，不要慌张，并按照下面的方法处理：力争第一时间关闭电源；用干燥的绝缘物体（如干燥的衣物、棍棒等）把触电者与带电部位分开，严禁用手直接去拉扯触电者，以免导致自身伤亡；对昏迷的触电者，应立即进行心脏按压或人工呼吸，力争第一时间抢救，同时拨打急救电话。

3. 摔伤

若发现有人摔伤，不可随意挪动伤者，以防骨折，或发生其他人身伤害，要及时拨打急救电话。

4. 烫伤

发现家中有人被烫伤，应立即使患者脱离现场；用冷水冲洗、浸泡和湿敷，尽快使局部降温；对烫伤的皮肤尽可能保留水泡皮完整性，不要撕去腐皮，可用消毒过的湿布轻轻包扎；及时到医院处理伤口。

5. 外伤出血

日常生活中，经常在切菜时不小心划伤手指，或走路时不小心摔伤而出血，一般遇到这种情况时处理的方式有：

（1）皮外伤护理。若摔伤或被刀割伤，只是表皮出血，可用红药水、碘酒等消毒药水涂抹在伤口处；若伤口比较深，在涂消毒药水后，应及时到医院进行包扎或缝合。

（2）快速止血。若出血量比较大，应视具体情况采取不同的止血方法。

1）一般止血法。若只是小的创口出血，用生理盐水冲洗消毒患处，然后覆盖多层消毒纱布并用绷带包扎，或用创可贴敷于患处。

2）指压止血法。适用于头面、颈部及四肢的动脉出血急救，注意压迫时间不能过长。在自行止血的同时，要迅速拨打急救电话，及时到医院处理伤口。

第二章 女性生殖系统与胎儿发育

第一节 女性生殖系统

女性生殖系统包括内、外生殖器官，与分娩有密切关系。

一、外生殖器

女性外生殖器又称外阴，是指生殖器官的外露部分，耻骨联合至会阴和两股内侧之间的组织。

1. 阴阜

位于耻骨联合前面。

2. 大阴唇

为外阴两侧一对隆起的皮肤皱襞。其前接阴阜，后达会阴。局部受伤后易形成血肿。

3. 小阴唇

位于大阴唇内侧，很敏感。

4. 阴蒂

位于小阴唇前端，极为敏感。

5. 阴道前庭

阴道前庭为两小阴唇之间的菱形区域。前庭的前方有尿道口，后方有阴道口。

（1）前庭大腺。又称巴氏腺，位于大阴唇后部，是阴道口两侧的腺体。

（2）尿道口。位于阴蒂与阴道口之间，是不规则的椭圆形小孔。尿道口后壁两旁有一对腺体，称尿道旁腺，常为细菌潜伏之处。

（3）阴道口及处女膜。阴道口位于尿道口下方，阴道口上覆有一层薄膜，称为处女膜。

二、内生殖器

女性内生殖器包括阴道、子宫、输卵管及卵巢，后两者常被称为子宫附件。

1. 阴道

阴道为月经血排出与胎儿娩出的通道。

2. 子宫

子宫为孕育胚胎和胎儿的场所，分娩时，子宫收缩将胎儿及其附属物娩出。

子宫体壁由三层组织构成，外层为浆膜层即脏层腹膜，中间层为肌层，内层为黏膜层即子宫内膜。

3. 输卵管

输卵管为卵子与精子相遇受精的场所。

4. 卵巢

卵巢具有产生卵子和分泌性激素的功能。

5. 内生殖器的邻近器官

女性内生殖器的邻近器官有尿道、膀胱、输尿管、直肠、阑尾等。它们不仅位置邻近，其血管、淋巴及神经也密切联系。某一器官的病变可累及其他邻近器官。

（1）尿道。女性尿道短而直，长4～5厘米，又接近阴道，故易引起泌尿系统感染。

（2）膀胱。为一囊状肌性空腔器官，其大小、形状可因其充盈程度及邻近器官的情况而变化，故妇科检查及手术前须排空膀胱。

（3）输尿管。为两对肌性圆索状长管。上连肾脏，下连膀胱。

（4）直肠。位于阴道的后方。

（5）阑尾。通常位于右下腹内。但其位置、长短、粗细变化很大。

6. 骨盆

女性骨盆是躯干和下肢之间的骨性连接，除支持躯干和保护盆腔脏器外，骨盆是胎儿经阴道娩出时必经的骨性通道，其大小、形状对分娩有直接影响。

第二节　妊娠与胎儿的发育

一、妊娠生理变化

妊娠是指胚胎和胎儿在母体体内发育成长的过程。卵子受精是妊娠的开始，胎儿及其附属物（即胎盘、胎膜等）自母体排出是妊娠的终止。妊娠全过程为40周，妊娠是一个变化非常复杂而又极其协调的生理过程，妊娠期间的女性称为孕妇。

1. 妊娠诊断

根据妊娠不同时期的特点，将妊娠全过程分为三个时期，妊娠12周末及以前称为妊娠早期，妊娠 13～27 周末称为妊娠中期，第 28 周及以后称为妊娠晚期。

妊娠早期表现：停经、早孕反应（恶心、呕吐）、尿频等。

（1）停经。生育年龄的女性，平时月经规律，一旦月经过期 10 天以上，可疑为怀孕。但停经不一定就是怀孕，一些外源性因素以及某些疾病均可引起停经。哺乳期女性首次月经来潮前已有排卵，因此哺乳期虽月经未恢复，也可能怀孕。

（2）早孕反应。约半数的女性在妊娠早期，也就是停经 6 周左右，有头晕、乏力、嗜睡、食欲不振、食欲异常（如喜食酸性食物或厌油腻气味）、恶心、早晨起床后呕吐等现象，称为早孕反应。多于妊娠 12 周左右消失。

（3）尿频。妊娠早期增大的子宫在盆腔内压迫膀胱可以引起尿频。妊娠 12 周后，增大的子宫升入腹腔，解除对膀胱的压迫，尿频症状自行消失。

2. 体征变化

（1）乳房变化，乳房逐渐增大。孕妇自觉乳房胀痛，检查乳房可见乳头及周围皮肤着色加深。

（2）腹部变化。至妊娠 12 周子宫体超出骨盆腔时，可以触摸到子宫体。

3. 妊娠检查

（1）妊娠试验。孕妇早晨做免疫法检测，试纸上显示两条着色带时为阳性，可协助诊断为早期妊娠。

（2）超声波检查。这是诊断早期妊娠快速、准确的方法。

（3）其他。还可通过黄体酮试验及基础体温测定来协助诊断妊娠。

二、妊娠期母体各系统变化

女性妊娠后，从受精卵发育成熟为一个约 3 000 克重的胎儿，是一个很复杂的生理过程。妊娠期间为适应胎儿生长发育的需要，在胎盘产生激素的参与下，孕妇体内各系统均发生一系列的适应性变化，包括生殖系统、循环系统、内分泌系统、皮肤以及新陈代谢等方面，这些变化给孕妇带来身体负担和生活的不便利，同时母体的生理变化及胎儿的生长发育将引起母体的心理变化。了解妊娠期身体各系统发生的生理变化，有助于做好孕期的保健护理，有利于保证孕妇顺利度过妊娠期。

1. 生殖系统的变化

子宫是生殖系统中变化最大的器官。子宫体逐渐增大变软，宫腔容量逐渐增大，血流量增加，子宫随妊娠月份的增加而逐渐增大。子宫腔的容量可由非孕期的约 5 毫升，增至妊娠足月时的约 5 000 毫升。在腹部可以触摸到逐渐上升的子宫。

2. 乳房的变化

乳腺在妊娠期有明显变化，大量的各种激素参与乳腺发育，做泌乳准备。乳房逐渐变大，乳头、乳晕有色素沉着。乳晕周围皮脂腺肥大，形成结节状小隆起，称为蒙氏结节。乳房在妊娠早期开始增大。孕妇会感觉乳房发胀或刺痛。妊娠末期，尤其接近分娩期，挤压乳房时，可有数滴稀薄的液体溢出。

3. 血液循环系统的变化

子宫不断增大，妊娠后期横膈上升，血容量增加。由于血容量的增加，心率加快，使心脏负担加重。血容量自妊娠 6 周开始逐渐增加，32～34 周达高峰，妊娠期循环血量增加 30%～45%，平均增加 1 500 毫升。血浆增加多于红细胞增加，形成生理性血液稀释，出现生理性贫血。由于增大的子宫压迫下腔静脉，血液回流受阻，容易出现下肢水肿。

4. 泌尿系统的变化

妊娠早期由于增大的子宫的压迫，膀胱容量减小，常有尿频现象。妊娠晚期，右侧输尿管扩张，较左侧多见。

5. 呼吸系统的变化

妊娠期间呼吸次数变化不大，孕晚期以胸式呼吸为主。

6. 消化系统的变化

孕早期可出现恶心、呕吐、食欲减退等症状。牙龈肥厚，易引起牙龈炎及牙龈出血。妊娠期胃肠道平滑肌张力降低，胃肠受压及贲门括约肌松弛，故胃内容物易反流到食道产生“烧心”的感觉。肠蠕动减弱，孕妇易发生便秘。

7. 内分泌系统的变化

妊娠期间垂体、甲状腺、甲状旁腺、肾上腺皮质都会随着妊娠的进展发生相应的改变。

8. 新陈代谢的改变

孕早期基础代谢稍有所下降，妊娠中晚期新陈代谢增加。妊娠期母体体重增加，妊娠全程平均增加 10～12 千克，主要包括胎儿、胎盘、羊水、子宫、乳腺、母体血容量等。妊娠早期体重增加不明显，妊娠 4 个月后胎儿发育较快，体重随之明显增加。孕妇对蛋白质和糖的需要量增加。另外，孕妇对矿物质的需求量较高。

9. 皮肤的变化

妊娠期间皮肤出现褐色的色素沉着，在面部、乳头、脐下正中线及外阴部比较明显。面部色素沉着呈“蝴蝶”形分布于面颊两侧。随着子宫的增大，腹部皮肤呈现出很多条状的妊娠纹。

三、胎儿发育

描述胎儿的发育特征以周（7 天）为孕龄单位。妊娠前 8 周称为胚胎，是主要器官结构完成分化的时期。从妊娠第 9 周开始，称为胎儿。

妊娠 8 周末：胚胎已初具人形，超声显像可见早期心脏形成，并有搏动。

妊娠 12 周末：胎儿身长约 9 厘米。

妊娠 16 周末：胎儿身长约 16 厘米。

妊娠 20 周末：胎儿身长约 25 厘米，皮肤暗红，开始出现吞咽、排尿功能。用胎心听诊器通过腹壁可听到胎心音。

妊娠 24 周末：胎儿身长约 30 厘米，顶臀长为 21.9 厘米，头围为 22.3 厘米，双顶径为 5.8 厘米，体重约 700 克。各脏器已发育，皮下脂肪开始沉积，皮肤出现皱纹，出现眉毛及睫毛。

妊娠 28 周末：胎儿身长约 35 厘米，此时出生的胎儿在加强护理下可存活。从 28 周末到 36 周末出生的胎儿为早产儿。

妊娠 36 周末：胎儿身长约 45 厘米，体重约 2 500 克。此时出生的胎儿基本可以存活。

妊娠 40 周末（280 天）胎儿已足月，发育成熟。胎儿身长约 50 厘米，体重约 3 000 克，皮下脂肪多。女性胎儿大小阴唇发育良好，男性胎儿睾丸多已下降。出生后哭声洪亮，皮肤红润，吸吮力强。胎儿在妊娠 37 周后出生的称为足月新生儿。

第三章 孕妇的护理与保健

第一节 孕妇的日常护理

一、妊娠早期的护理指导

1. 个人卫生

沐浴：应经常洗澡，保持清洁。具体次数依季节和个人习惯而定，采用淋浴。水温不宜过高或过低。沐浴时间不宜过长，且保持浴室内通气。地面置防滑垫，不穿鞋底较滑的拖鞋，以防滑倒。

外阴清洁：保持外阴清洁，以清水淋洗，每天 1～2 次，便后用卫生纸从前向后擦，每天更换内裤，内裤采用透气性、吸水性好的棉质布料。若发现阴道分泌物颜色、性质、气味改变应就医处理。

2. 安全

妊娠期应避免接触有毒物质。

禁止烟酒，饮酒对胎儿产生毒害，可导致胎儿贫血，四肢及心血管缺陷，可导致胎儿体重较轻，身材短小，智力低下。

吸烟可引起流产、早产、死胎、低体重儿、智力低下。孕妇及家属应停止吸烟，避开吸烟的公共场所。

避免饲养猫、狗等宠物，防止感染弓形虫或被咬伤、抓伤。

走路、坐车、上下楼梯都要小心谨慎，避免滑倒、撞倒，以免造成流产、早产。

3. 孕期用药

孕期应避免乱用药。妊娠最初 3 个月是胎儿器官形成时期，药物可通过胎盘对胎儿产生影响。因为绝大部分药物孕期使用的安全性不甚清楚，因此孕期应当避免不必要的用药，需服药时，应在医生的指导下服用。

4. 工作

可胜任一般工作，在工作中注意工作强度，避免超过身体负荷，不可攀高、抬举重物。注意勿撞击到腹部或重压腹部。避免单独一人工作。

若接触有毒气体、化学物质、放射线及处于高噪声环境的工作岗位需调离。

5. 妊娠合并症征兆

及早确诊妊娠，警惕异位妊娠。如果有阴道流血，即使只是轻微出血，也应就医。

6. 早期妊娠不适的护理

(1) 恶心、呕吐。约半数以上孕妇孕早期有不同程度的恶心，部分出现呕吐。建议晨起吃些水分较少的食物（如饼干等），少量多餐，多吃蔬菜、瓜果，避免空腹，避免低血糖发生；不吃或少吃油炸、甜腻食物。家庭成员应给予心理安慰和支持。如果呕吐剧烈，尿少，应及时就医。

(2) 尿频、尿急。此症状出现于两个时期：妊娠早期，增大的子宫压迫膀胱所致。妊娠末期，胎头入骨盆压迫膀胱。有尿意应排空，不憋尿。指导孕妇做缩肛运动。

(3) 保持心情舒畅，避免精神刺激。

二、妊娠中、晚期的护理指导

1. 妊娠期自我监护

（1）胎动计数。孕妇在18～20周开始觉得有胎动，数胎动是自我监护胎儿情况的一种重要手段。若胎儿宫内窒息，胎儿在缺氧早期躁动不安，表现为胎动活跃，胎动次数增加；当缺氧严重时，胎动逐渐减少。

方法：孕妇自30周开始，每天早、中、晚各数一小时胎动，每小时胎动不少于3次，反映胎儿情况良好。将3次胎动次数相加且乘以4，即得12小时胎动总数。胎动总数≥30次，反映胎儿情况良好；胎动总数<30次，应及时就医，听取医生意见。

（2）中、晚期妊娠出现下列情况应及时就医。

头晕、目眩：妊娠中、晚期可发生妊娠高血压疾病。如出现头晕、目眩，应马上就医，控制病情。

阴道出血：妊娠中、晚期若发生前置胎盘、胎盘早剥，会以阴道出血为主要症状。一旦发生，及时去医院就诊。

胎膜自然破裂：孕妇感觉羊水自阴道流出，一旦怀疑，马上平卧，抬高臀部，立即去医院就诊。

寒战、发热、腹疼：应及时就诊。

2. 维持正确体位

站立时，重心在脚跟，两脚分开30厘米，保持平衡。避免长时间站立。坐位时，椅子稍矮，双脚能着地，最好膝关节高于髋关节。

拾取近地面物品时，弯曲膝部代替弯腰去取物。

3. 休息与睡眠

要重视孕妇自我感受，想休息就休息，想睡觉就睡觉。每晚应有8～9小时睡眠，中午有 1～2 小时午休。卧床休息宜采用左侧卧位，下肢放松自然屈曲，腿间可垫软枕。保持环境安静，室内空气流通。

4. 活动

孕妇应适当活动。如做操、户外散步、骑自行车、游泳等，避免身体过度屈曲和伸张，不进行任何跳跃、旋转和迅速改变方向的活动。活动强度以不感疲倦为度。运动时选择合适的胸罩支托乳房。若活动中出现头晕、麻木、疼痛、阴道出血等情况，应立即停止运动，静躺下来，立刻就医，孕期应尽量避免长途飞行，旅行尽可能安排在孕中期完成。

5. 衣着

选择孕妇服，宽大舒适，腰部不束紧，不可影响胎儿的活动和血液循环。天暖时着短衣裙，可使皮肤较大面积晒到太阳，促进体内钙吸收。

孕期不穿高跟鞋，选 2 厘米左右低跟、宽头、软底鞋为宜，并注意鞋合脚，鞋底要有防滑纹。

选用孕妇专用的内裤，可以调节松紧带的松紧，遮住整个腹部。

6. 乳房护理

选用合适的胸罩支托乳房，防止下垂。可采用前开式胸罩。

自妊娠 6 月开始，每天用温水清洗双侧乳房，用软毛巾轻轻擦干。不主张用肥皂洗，可用沐浴液。不可牵拉乳头，防止引起宫缩，发生早产。可按摩乳房，从四周向中心按摩，每天数次。

7. 胎教

胎儿有感觉，对外界触、声、光等刺激都会发生反应。

妊娠 4 月起通过音乐、语言、抚摸主动给胎儿有益的信息。

8. 性生活

正常妊娠对性生活虽无禁忌，但孕早期应节制或避免，以防流产的发生。妊娠最后 6 周应避免性生活。有反复流产、早产、阴道出血、有严重妊娠合并症者不应有性生活。

9. 妊娠中、晚期不适的护理

（1）失眠

原因：腹部增大不易找到舒适卧姿，尿频、多汗、胎动频繁，精神压力、心理因素等。

指导：睡前减少摄入过多液体，穿宽松吸汗棉质衣裤，避免看刺激性、兴奋性的影片或书刊。睡前可听轻松音乐或自我暗示解除精神压力。保持侧卧姿势入睡。不可自服安眠药。

（2）胃部烧灼感

原因：子宫底升高，压迫胃部，使胃内压力升高，贲门括约肌松弛致胃内容物反流。

指导：避免过饱，避免摄入过多油炸、产气及辛辣食物。少量多餐。若有酸水流入口腔，用温水漱口。

（3）肋缘疼痛

原因：宫底位置上升（尤以 36 周后），对肋缘有压力。

指导：予以局部按摩。

（4）腹股沟处疼痛

原因：子宫增大，圆韧带受牵拉。

指导：可用腹带托腹。

（5）腰背痛

原因：妊娠子宫增大，前凸，孕妇为保持平衡重心后移，脊柱前屈，肩后倾。

指导：孕妇保持正确坐、站、走路姿势，弯腰、提重物时避免过度伸张脊背，不穿高跟鞋，睡较硬的床，定期做骨盆倾斜运动。适当补钙。

（6）便秘

原因：孕期肠蠕动减少。

指导：增加膳食纤维素的摄入，补足水果、水分，养成每天排便习惯。每天早上喝杯温开水或温牛奶，吃香蕉是防止便秘的食物疗法。一有便意就应及时排便。

（7）痔疮

原因：妊娠期增大的子宫阻碍静脉回流。

指导：摄取足够液体和高纤维食物，定期排便，适度活动。孕中晚期多休息，取侧卧位。若已形成痔疮，可使用痔疮膏。

(8) 下肢及外阴静脉曲张

原因：增大的子宫压迫下腔静脉，静脉回流不畅。

指导：避免长时间站立，或久坐不动，应至少每小时活动一下。可选择合适的弹力袜，在早晨下床前先将腿抬高，穿上弹力袜后再下床。

(9) 足部水肿

原因：下肢静脉回流不畅。

指导：做足背屈曲运动，休息卧床时注意抬高下肢。避免摄取含高盐分食物。

(10) 腿部肌肉痉挛

原因：孕妇常于妊娠后期发生腿部肌肉痉挛，以腓肠肌最常见。

指导：当痉挛发生时，可做腓肠肌按摩或让孕妇仰卧、屈膝，母婴护理师或家属一手自足底握足，一手扶住膝部，突然使其伸膝，同时足背屈，可缓解；也可做腓肠肌热敷理疗。饮食中注意增加钙和维生素 D 的摄入，局部保暖。

(11) 贫血

原因：缺铁，营养不良，或其他原因。

指导：若发生贫血，查明原因后进行针对性治疗。

(12) 仰卧位低血压综合征

原因：仰卧位时子宫压迫下腔静脉，回心血量减少，心搏出量减少，出现血压下降、心率增加、面色苍白、出冷汗等症状。

指导：立即选择侧卧位。

第二节 孕妇的膳食营养

孕妇不仅要维持自身的营养需求，还要保证胎儿的健康发育。孕妇的营养状况直接或间接影响自身和胎儿的健康。孕妇必须增加营养的摄入，以满足自身及胎儿的双重需要。

一、孕前期妇女膳食指南

1. 多摄入富含叶酸的食物或补充叶酸

妊娠的前4周是胎儿神经管分化和形成的重要时期，此期叶酸缺乏可增加胎儿发生神经管畸形及早产的危险。育龄妇女应从计划妊娠开始尽可能早地多摄取富含叶酸的食物，从孕前3个月开始每日补充叶酸400微克，并持续至整个孕期。

2. 常吃含铁丰富的食物

孕前缺铁易导致早产、孕期母体体重增长不足以及新生儿低出生体重，故孕前女性应储备足够的铁以备孕期利用。建议孕前期妇女适当多摄入含铁丰富的食物，缺铁或贫血的育龄妇女可适量摄入铁强化食物或在医生指导下补充小剂量的铁剂。

3. 保证摄入加碘食盐，适当增加海产品的摄入

妇女在孕前期和孕早期碘缺乏，均可增加新生儿将来发生呆小病的危险性。由于孕前和孕早期对碘盐的需求相对多，建议至少每周摄入一次富含碘的海产品。

4. 戒烟、禁酒

夫妻一方或双方经常吸烟或饮酒，不仅影响精子或卵子的发育，造成精子或卵子的畸形，而且影响受精卵在子宫的顺利着床和胚胎发育，导致流产。酒精可以通过胎盘进入胎儿血液，造成胎儿宫内发育不良、中枢神经系统发育异常、智力低下等。

二、孕早期妇女膳食指南

1. 膳食清淡、适口

清淡、适口的膳食有利于减轻怀孕早期的妊娠反应，使孕妇尽可能多地摄取食物，满足

其对营养的需要。食物包括各种新鲜的蔬菜和水果、大豆制品、鱼、禽、蛋等。

2. 少食多餐

怀孕早期反应较重的孕妇，不必像常人那样强调饮食的规律性，应根据孕妇的食欲和反应的轻重及时调整进食的餐次、数量、种类和时间，采取少食多餐的办法，保证进食量。

3. 保证摄入足量富含碳水化合物的食物

怀孕早期应尽量多摄入富含碳水化合物的谷类或水果，保证每天至少摄入150克碳水化合物（约合谷类200克）。

4. 多摄入富含叶酸的食物并补充叶酸

怀孕早期叶酸缺乏可增加胎儿发生神经管畸形及早产的危险。妇女应从计划妊娠开始尽可能早地多摄取富含叶酸的食物，如动物肝脏、深绿色蔬菜及豆类等。建议受孕后每日应继续补充叶酸400微克，至整个孕期。

5. 戒烟、禁酒

孕妇吸烟或经常被动吸烟，可能导致胎儿缺氧和营养不良、发育迟缓。孕妇饮酒，酒精可以通过胎盘进入胎儿血液，造成胎儿宫内发育不良、中枢神经系统发育异常、智力低下等。

三、孕中、晚期妇女膳食指南

从孕中期开始，胎儿进入快速生长发育期，直至分娩。母体子宫、乳腺等生殖器官逐渐发育，母体需要为产后泌乳开始储备能量及营养素。

1. 适当增加鱼、禽、蛋、瘦肉、海产品的摄入量

鱼、禽、蛋、瘦肉是优质蛋白质的良好来源，其中鱼类还可提供n－3多不饱和脂肪酸，这对孕20周后胎儿脑和视网膜的功能发育极为重要。蛋类尤其是蛋黄，是卵磷脂、维生素

A 和维生素 B_2 的良好来源。孕中期开始每日应增加总量 50～100 克的鱼、禽、蛋、瘦肉，以满足孕妇及胎儿生长发育对优质蛋白质的需要，孕期动物性食物首选鱼类。每周至少进食一次海产品，以满足对碘的需要。

2. 适当增加奶类的摄入

奶或奶制品富含蛋白质，对孕期蛋白质的补充具有重要意义，同时也是钙的良好来源。建议从孕中期开始，每日至少摄入 300 毫升的牛奶或相当量的奶制品，同时补充 300 毫克的钙，或喝 500 毫升的低脂牛奶，以满足对钙的需要。

3. 常吃含铁丰富的食物

从孕中期开始孕妇血容量和血红蛋白增加，同时胎儿需要铁储备，宜从孕中期开始增加铁的摄入量，建议常摄入含铁丰富的动物血、肝脏、瘦肉等，必要时可在医生指导下补充小剂量的铁剂。

同时，多摄入富含维生素 C 的水果和蔬菜，以促进铁的吸收和利用。

4. 适量身体活动，维持体重的适宜增长

孕妇应适时监测自身的体重，并根据体重增长的速率适当调节食物摄入量。也应根据自身的体能每天进行不少于 30 分钟的低强度身体活动，最好是 1～2 小时的户外活动，如散步、做体操等。适宜的户外活动有利于维持体重的适宜增长和自然分娩。户外活动还有助于改善维生素 D 的营养状况，以促进胎儿骨骼的发育和母体自身的骨骼健康。

世界卫生组织推荐的亚洲人体重指数 BMI 等于体重（公斤）除以身高（米）的平方。分级标准：体重过低，BMI≤18.5；体重正常，BMI≤23.0；超重，BMI＝23.0～25.0；肥胖，BMI≥25。

5. 戒烟禁酒，少吃刺激性食物

烟草、酒精对胚胎发育的各个阶段都有明显的毒性作用，容易引起早产、流产、胎儿畸形等。有吸烟、饮酒习惯的妇女，孕期必须戒烟禁酒，并要远离吸烟环境。

四、孕期饮食原则

（1）供给足够的热能和营养素，应按照孕产妇热量和营养素的供给量标准选择食物的种类和数量，组成孕产妇平衡膳食。

（2）选择食物要多样化，注意膳食的色、香、味和多样化。

（3）应有适量的进食体积，每餐饭菜应具有一定的容积和饱腹感。

（4）具有合理的膳食原则，配膳时应注意季节变化。

（5）合理烹调，注意膳食的感官性状，尽可能照顾孕妇的饮食习惯。

另外，要预防和减少巨大儿，孕妇应做好围产期的保健，在保健医生的指导下补充营养，并做一些力所能及的劳动锻炼，使营养吸收与消耗在妊娠的基础上达到平衡。

第三节　孕妇的心理护理

一、孕妇的心理特点

妊娠是自然的生理现象，孕妇的身体各系统发生一系列的生理改变，同时孕妇的心理也随着妊娠的进展发生一系列不同变化。妊娠各期的心理变化均不相同，对妊娠期心理状态的影响除生理改变外，人际关系是影响妊娠时心理状态的重要因素。妊娠期多数孕妇的心理反应都不稳定，情绪波动较大，心理的依赖性、受暗示性较强。对周围的事情比较敏感，易于激动和抑郁。

妊娠早期常见的心理变化为情绪不稳定、感情变化丰富。在妊娠初期，多数产妇感到惊讶、喜悦、矛盾、焦虑。早孕身体不适的反应、经常对胎儿的担心导致产妇情绪低落。随着妊娠的进展，身体上的不适感渐渐消失，多数产妇开始接受妊娠的事实，开始逐步适应角色的转变。

妊娠中期孕妇心理变化的特点为紧张感消失，心理放松，对未来的宝宝充满期待，并存在各种顾虑，如担心胎儿发育情况、胎儿性别、胎儿长相等。

妊娠晚期孕妇的心理变化特点为担心胎儿发育是否正常，能否顺利分娩，既兴奋又害怕。

二、心理护理指导

针对孕期各阶段的特点、孕妇产生的心理问题，母婴护理师应及时向孕妇宣传优生优育，有关妊娠、分娩及产前定期检查等各种科普知识，使孕妇认识到孕期的具体特点和可能出现的现象，学会自我保健和监测胎儿情况。和孕妇家人做到常沟通，指导其丈夫和家人关心体贴孕妇，稳定孕妇的情绪，使其树立信心，从而解除孕妇的恐惧焦虑心理。指导孕妇积极学习护理及哺育婴儿的知识，以帮助其更快地适应准妈妈的角色。

在护理过程中，母婴护理师要尽可能保证孕妇心情愉快、精神放松。当发现孕妇情绪异常变化或低落时，可主动关心、了解原因，以便给予更多的帮助，以解决实际问题，使孕妇的情绪得到改善。

第四节　孕期保健操

孕妇做保健操，可促进血液循环，减轻孕妇身体的不适。例如，伸展孕妇会阴部的肌肉、关节和韧带，可减轻分娩的疼痛，缩短产程，使分娩更为顺利，还可促进肠蠕动，预防和改善便秘症状。

一、孕早期（自妊娠开始至妊娠 12 周）

1. 盘腿压膝运动

孕妇取坐姿，将两腿盘起，两小腿一前一后尽量将两膝拉开。同时可配合呼吸运动，吸气时两手置于膝上，轻压两膝内侧并呼气。做完后再做一次深呼吸，达到完全放松。自怀孕初期即可经常进行，可在看书报、看电视、打电话时采取此姿势（见图 3—1）。

目的：放松背部肌肉，防止疲劳。伸展盆底肌肉，增加产道柔软度及弹性。

2. 大腿伸展运动

孕妇取坐姿，将两脚脚掌并拢，并尽量靠近身体。双手抓住脚踝部，背部放松，腰挺直，身体略向前倾，双肘置于膝上大腿内侧。慢慢吸气，并用双肘下压膝盖约 20 秒，此时双脚也跟着配合张合。做完后再做一次深呼吸并恢复原位。早、晚各做 5～6 次（见图 3—2）。

目的：加强盆底肌肉的强韧性及耐力。

图 3—1　盘腿压膝运动

图 3—2　大腿伸展运动

3. 头颈部运动

孕妇取坐姿，两手置于腿上，背部放松。低头使下巴贴近胸部，配合呼吸，将头自左向右绕圈，再依相反方向绕一周，并做一次深呼吸结束。可在就寝前或在伏案工作之后做 4～5 次（见图 3—3）。

目的：放松头颈部肌内，有助于睡眠。

4. 肩膀运动

孕妇取坐姿，全身放松。两肩耸起，自后往前绕一圈，再依相反方向绕一圈。可在就寝前或在伏案工作之后做 4～5 次（见图 3—4）。

目的：消除肩颈部肌肉紧张。

图 3—3　头颈部运动

图 3—4　肩膀运动

二、孕中期（妊娠 13～27 周）

1. 腰背伸展运动

孕妇四肢呈匍匐姿势，两肘伸直，分开与肩同宽，膝盖与地面垂直，足背贴于地面。深吸一口气，将头部下垂贴胸，臀部收紧，并将背部弓起，重心后移，以支持上半身。然后慢慢吐气，臀部放松，边吐气边将头抬起，仰面，重心向前，背部放松下陷。结束时再做一次深呼吸（见图 3—5）。

目的：加强腹部肌肉韧性，改善腰背酸疼症状。

2. 骨盆振动运动

孕妇仰卧，头部垫枕，两膝屈曲，两脚掌贴于地面，背部贴于地面。深吸一口气并缩紧

图 3—5 腰背伸展运动

臀部，腹部弓起，背部上提，与地板间形成一空隙。保持此姿势 2～3 秒，慢慢吐气并复原。早、晚各做 5～6 次，做 2～3 分钟（见图 3—6）。

目的：改善腰背酸疼症状，强化腹部和盆底肌肉的耐力，增加产道弹性。

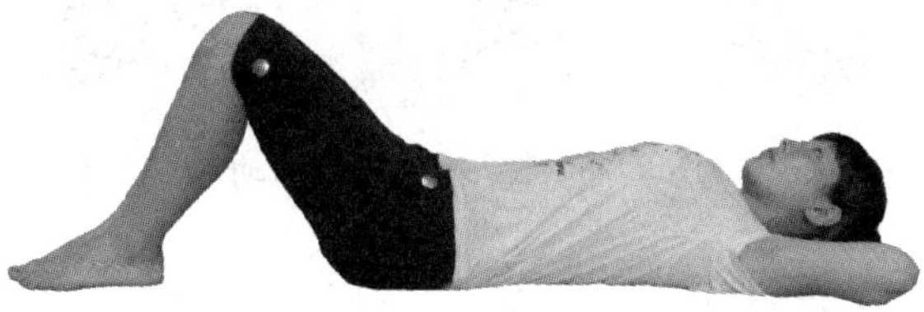

图 3—6 骨盆振动运动

3. 骨盆扭转运动

孕妇仰卧，双膝并拢屈曲，脚掌贴于地面，双手打开置于身体两侧或枕于头下。吸一口气，双膝向一侧画半圆倾倒。吐气，双膝恢复原来的位置，接着做另一侧。做完后做一次深呼吸结束。早、晚各做 5～6 次，做 2～3 分钟（见图 3—7）。

目的：增加腹直肌肉以及骨盆肌肉的韧性。

图 3—7 骨盆扭转运动

4. 骨盆和背摇摆运动

孕妇仰卧，屈膝，两腿分开与肩同宽，脚掌贴于地面，两手分开，掌心向下。慢慢吸一口气，同时收缩腹肌，以双脚和肩膀支撑，将腰部渐渐抬高。此时可感觉臀部有收缩感，停5秒后再将腰部慢慢放下，将气吐掉。最后以一次深呼吸结束。早、晚各做5～6次，做2～3分钟（见图3—8）。

目的：增加产道弹性，改善腰背酸疼的症状。

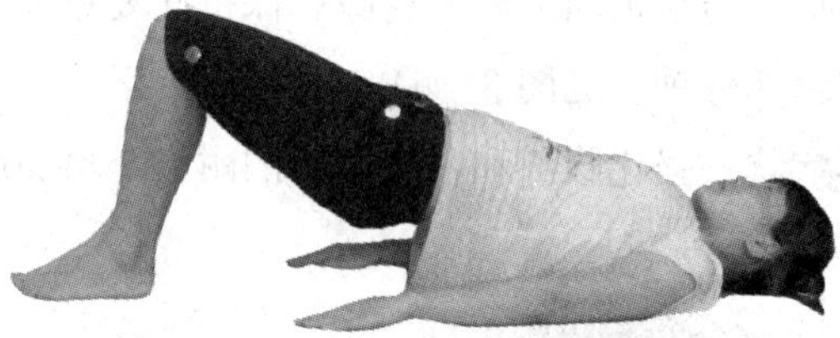

图3—8 骨盆和背摇摆运动

5. 抬腿运动

孕妇仰卧，身体放松，将双腿抬高靠于墙上，双脚分开以减轻膝盖的压力，保持此姿势2～3分钟。双脚抬高时脚趾可做上翘、放下运动。早、晚各做1次（见图3—9）。

目的：促进下肢血液回流，减轻腿部浮肿，放松全身肌肉。

图3—9 抬腿运动

三、孕晚期（妊娠 28 周至妊娠结束）

1. 胸部运动

孕妇可取坐位或站立位，将两手上举与肩同高，双手平胸前乳头连线高度，两臂互相紧靠，双手紧压肘部，挺胸，然后旋转上半身。早、晚各做 5～6 次（见图 3—10）。

目的：增强胸肌以支撑逐渐增大的乳房，促进乳房血液循环。

图 3—10 胸部运动

2. 骨盆底肌运动

孕妇平躺，在头和膝下各置一枕头。双腿交叉，臀部收紧上提，然后再放松。可自孕前开始进行，近分娩期时宜增加练习的次数，可重复 70～100 次。

目的：增强骨盆底肌的韧性，增加产道弹性，减轻骨盆底肌疼痛症状，防止压力性尿失禁，预防子宫脱垂。

3. 腹压运动

在头和肩膀处垫一枕头，上身抬起。双手抱住大腿，使骨盆抬高，双脚向外张开。先深吸一口气，再吐掉。接着再吸一大口气，闭气，慢慢将上身坐起，下巴靠近胸部，并看着肚脐。注意练习时避免真正用力。最后将气吐出，深呼吸后再重复练习。每日练习 5～6 次。

目的：熟悉第二产程分娩的用力方式。

4. 呼吸运动

（1）吹蜡烛运动。可取卧位或坐位。双手置于下腹两侧。假想距离 20 厘米远处有一根蜡烛，想用一次呼气就将其吹灭。先深吸气，然后用力呼气。早晚各做 2～3 次。

（2）喘息呼吸运动。张口做短而急促的呼吸，将腹部肌肉放松。早晚各做2～3次。目的：减少胎儿娩出时会阴部或产道的撕裂。

四、孕期保健操注意事项

（1）有妊娠合并症状的孕妇，应听从医生指示暂停运动，如流产征兆、阴道出血、发热等。

（2）根据身体情况逐渐加大运动量，每天约20分钟，应有规律地练习。

（3）避免餐后或空腹练习，衣服舒适、吸汗。

（4）应在坚硬平坦的床上或铺有地毯的地板上进行练习，注意室内通风。

（5）运动过程中心跳不应超过140次/分钟。

（6）运动前排空膀胱，放松身体。

（7）运动完毕，可采用左侧卧位，以增加胎盘血流。

第五节　分娩期护理

一、临产护理指导

1. 身体准备

产前孕妇在身体上做好充分准备，有利于顺利分娩。

（1）创设良好的室内环境，房间内温度、湿度适宜，光线充足，空气清新，可以播放轻松的音乐，或者儿童歌谣，有利于待产妇保持愉快的心情。

（2）孕妇身体卫生护理。如果是到浴室去洗澡必须有人陪伴，以防止湿热的蒸汽引起孕妇昏厥。洗澡时间不宜过长，水温不宜过热。

(3) 提供营养充足的膳食。在饮食上应少吃多餐，优质蛋白质要足量，以保证营养。只有产前营养充足，才能让孕妇养精蓄锐，为分娩积累体力。

(4) 保证孕妇睡眠充足。分娩时体力消耗较大，因此分娩前必须保持充足的睡眠。晚上睡眠应在 8 小时以上，午睡也要保证 1 小时。

(5) 不宜长期外出。接近预产期的孕妇应尽量不外出；如果必须外出，要有人陪伴。

(6) 指导日常锻炼。为了保证分娩的顺利，临产前母婴护理师要指导孕妇不要整天卧床休息，做一些轻微的、力所能及的运动和锻炼。在运动和锻炼时，要练习并熟练掌握分娩的辅助动作，练习呼吸技巧，为顺利分娩做准备。

2. 物质准备

母婴护理师应知晓孕妇的预产期，在预产期前，根据家庭的准备情况，把分娩后产妇和新生儿的所需用品准备齐全，放置在固定位置，方便随手拿取。

(1) 准妈妈的物质准备。包括衣物准备（如肥大、容易穿脱的睡衣、内衣、内裤、胸罩、棉线袜等）、日常用品准备（如洗脸盆、毛巾、卫生巾、卫生纸等）。

(2) 婴儿的物质准备。包括婴儿洗澡用品（婴儿专用的洗浴用品、毛巾、消毒棉球或纱布若干）、婴儿日常用品（棉质尿布或纸尿裤、纯棉质婴儿服装、体温计）等。

3. 心理准备

分娩是妊娠生理过程的必然结果。母婴护理师要通过沟通指导，使孕妇能以轻松的、顺其自然的心理状态迎接分娩。

(1) 消除恐惧心理。分娩是一种正常的自然的生理过程，要给予孕妇加倍的体贴、关心和安慰，使孕妇精神饱满、情绪稳定，树立分娩的信心。

(2) 告知孕妇必要的分娩知识。不少孕妇由于缺乏常识，对分娩有不同程度的恐惧心理。这种不良的心理，不仅会影响孕妇临产前的饮食和睡眠，使身体不能很快地进入待产的"最佳状态"，因而影响正常分娩。克服对分娩的恐惧心理，一个最好的办法是陪伴孕妇学习相关生理知识和了解分娩的全过程以及可能出现的各种情况，并进行分娩前的有关训练。

二、分娩知识

1. 自然分娩

自然分娩是指在有安全保障的前提下，通常不加以人工干预手段，让胎儿经阴道娩出的分娩方式。自然分娩最基本的条件是决定分娩的三个因素——产力、产道及胎儿，均正常且三者相适应。孕妇在决定自然分娩时，应先了解何时预产及生产的全过程。

（1）自然分娩的过程

第一产程，又称宫颈扩张期，是从开始出现间歇 5～6 分钟的规律性的子宫收缩起，至宫颈口完全扩张达 10 厘米，能使胎头娩出。这一过程对于初产妇来说需要 11～12 小时，经产妇需 6～8 小时。

第二产程，又称胎儿娩出期，是从宫颈口开全至胎儿娩出。初产妇需 1～2 小时，经产妇通常数分钟即可完成，但也有长达 1 小时者。

分娩的高峰到来，婴儿即将出生。胎头移到接近阴道口，外阴和肛门部位由于胎头压迫骨盆底而显得膨出。不久就会看见胎头，胎头随着每次宫缩向前移动，当宫缩消失时，可能又会稍向后滑进少许。

当胎头扩张阴道口时，孕妇会有刺痛感，随之而来的是麻木感，这是因为阴道组织扩张得很薄时，阻滞了神经的传导所造成的。

在接下来的两次宫缩期间，婴儿的身体就会滑出母体。

第三产程，又称胎盘娩出期，是从胎儿娩出到胎盘娩出为止，需 5～15 分钟，应不超过 30 分钟。

胎儿娩出后，仍会有宫缩促使胎盘娩出，只是这时的宫缩相对来说是无疼痛感的。

（2）自然分娩的好处

1）在阴道自然分娩过程中，胎儿有一种类似于“获能”的过程。自然分娩的婴儿能从母体获得一种免疫球蛋白 IgG，出生后机体抵抗力增强，不易患传染性疾病。

2）从阴道自然分娩的婴儿经过主动参与一系列适应性活动，其皮肤及末梢神经的敏感性较强，为日后身心协调发育打下了良好的基础。

3）临床证实，阴道自然分娩产后感染、大出血等并发症较少，产妇产后体力恢复很快。

4）阴道自然分娩的产妇母乳喂养的成功率高。

5）自然分娩有利于胎儿娩出后的呼吸建立。

2. 剖宫产

剖宫产是不经产道分娩，剖开腹壁及子宫，取出胎儿的生产方式。适用于母婴异常的情况，如产道异常、产力异常、胎儿异常、先兆子宫破裂等。优点是能挽救胎儿和母亲，但剖宫产的婴儿在出生时未经产道的挤压，易发生新生儿吸入性肺炎，并且缺乏必要的触觉和本体感的刺激，易患儿童感觉综合失调。

三、分娩先兆知识

1. 不规律的子宫收缩

孕晚期不规律宫缩，间歇时间不定，宫缩强度不增加，常在夜间出现，清晨消失。孕妇感轻微腰酸腹胀。

2. 胎儿下降感

随胎先露降入骨盆，多数孕妇会感觉上腹部比以前舒适，进食量也增加，呼吸轻快。

3. 见红

临产前1～2天阴道出现少量血性分泌物。这是因子宫不规律收缩，宫颈内口附近胎膜与子宫壁分离，毛细血管破裂所致。

四、临产标志

有规律且逐渐增强的子宫收缩，宫缩持续 30 秒或以上，间歇 5～6 分钟，并且宫缩逐渐增强。同时伴随进行性子宫颈管消失、宫颈口扩张和胎先露下降。出现规律宫缩就应该去医院，由医护人员观察产程进展，住院待产。

第四章 产妇的护理

第一节 产褥期母体变化

产褥期是指从胎盘娩出后到产妇除乳腺外全身各器官恢复到孕前的状态所需要的时期，一般为 6 周。产褥期产妇身体变化最明显的就是生殖系统和乳房。

一、生殖系统的变化

1. 子宫

胎盘娩出后 6 周，子宫逐渐恢复至未孕状态，此过程称子宫复旧。主要包括子宫体复旧、宫颈复原。

（1）子宫体复旧。在子宫收缩的过程中，子宫体逐渐缩小，于产后 10 日，子宫降至骨盆腔内，直至产后 6 周，子宫恢复到未孕时大小。

（2）宫颈复原。阴道分娩后 1 周宫颈内口关闭，产后 4 周宫颈形态恢复至非孕时状态。

2. 阴道与外阴

（1）阴道。产褥期阴道壁肌张力逐渐恢复。

（2）外阴。会阴部的裂伤或切开的伤口，由于血液循环丰富，故愈合较快，一般于产后 3～4 日即可拆线。若包埋缝合采用可吸收线，可以不拆线。

（3）盆底。阴道分娩后1周内，水肿和淤血迅速消失，盆底组织的张力于产褥期内有可能逐渐恢复至接近未孕时状态。

二、泌乳

产后乳腺分泌乳汁的神经体液调节复杂，随着胎盘的剥离和排出，产妇血液中的胎盘生乳素、雌激素、孕激素水平急剧下降，解除了对垂体催乳激素的抑制，产后呈低雌激素、高催乳激素水平，乳汁开始分泌。尽管垂体催乳激素是泌乳的基础，但在以后的乳汁分泌中，很大程度依赖于哺乳时的吸吮刺激。不断排空乳房，也是维持乳汁分泌的一个重要条件。此外，乳汁分泌还与产妇营养、睡眠、情绪及健康状况密切相关。因此，要想有充足的乳汁喂哺婴儿，就必须保证产妇身体健康，并有充足的睡眠、丰富的营养和稳定的情绪。一旦胎盘娩出，产妇便进入以自身乳汁哺育婴儿的哺乳期。

三、血液循环系统的变化

妊娠期血容量在产褥早期（产后72小时内）由于子宫—胎盘循环停止和子宫的缩复，使大量血液从子宫进入体循环，同时由于妊娠子宫的压迫解除，下肢静脉血流增加，以及妊娠期过多的组织间液吸收回到体循环，使血容量增加，心搏出量增加，正常产妇可以耐受。循环血量在产后2～6周才逐渐恢复正常。

四、消化系统的变化

妊娠期胃肠道肌张力和蠕动力均减弱。产后需1～2周逐渐恢复正常。因此，产后1～2日内产妇常感口渴，需进食流食或半流食。此外，由于产褥期内活动少，肠蠕动减弱，故容易发生便秘。

五、泌尿系统的变化

妊娠期体内潴留的大量水分主要经肾脏排出，故产后 1 周内尿量增多。在分娩过程中，膀胱受压致使黏膜水肿、充血及肌张力降低，以及会阴伤口疼痛、不习惯卧床排尿等原因，容易发生尿潴留，尤其是产后 24 小时内。

六、内分泌系统的变化

分娩后，雌激素和孕激素水平急剧下降，至产后 1 周时已降至未孕时水平。不哺乳产妇通常在产后 6～10 周月经复潮，平均在产后 10 周左右恢复排卵。哺乳产妇的月经复潮延迟，有的在哺乳期月经一直不来潮，平均在产后 4～6 月恢复排卵。首次月经来潮前多有排卵，故哺乳产妇未见月经来潮却有受孕的可能。

七、腹壁的变化

妊娠期出现的下腹正中线色素沉着，在产褥期逐渐消退。初产妇紫红色妊娠纹变成银白色妊娠纹。腹壁皮肤受妊娠期子宫增大的影响，部分弹力纤维断裂，腹直肌呈不同程度的分离，于产后腹壁明显松弛，腹壁紧张度需在产后 6～8 周恢复。

第二节　产妇的日常护理

产褥期是产妇身心恢复的一个关键时期，高品质的整体护理能促进产妇早日康复。母婴护理师在对产妇的护理过程中，要及时发现问题，并给予系统的全面护理。

一、创设适宜的居室环境

产妇及新生儿几乎所有的时间都生活在室内，产后休养环境应安静、整洁、舒适、美观，保持通风及适宜的温度和湿度，利于产妇的身体恢复和新生儿的健康成长，是使产妇和新生儿愉快、安心休养的基本保证。传统观念认为产后开窗通风，产妇会终生四肢及腰背疼痛，因而“坐月子”期间紧闭居室门窗，还挂上门帘。“捂月子”使得屋子封得很紧，空气不流通，室内空气污浊，对产妇和婴儿都是极其不利的。

1. 保持室内环境清洁

室内应注意清洁卫生。每日进行室内的清洁，整理杂物及卧具，擦拭桌椅；及时清洗新生儿更换下的尿布和衣服；及时更换衣服和被单，保持床单被褥的清洁干燥；用微湿的拖把清洁地面，防止扬起灰尘；防蝇、防蚊，保持室内空气清新。

2. 保持室内空气流通

每天定时开窗通风 1～2 次，每次 30 分钟，通风可保持空气新鲜，有助于增强产妇及新生儿的抗病能力。通风时让产妇、新生儿远离，通风后过一段时间再回到房间，以免受凉。产妇居室通风要注意避免吹“过堂风”，即让风直吹产妇和新生儿，以免着凉感冒。

3. 保持适宜的温度和湿度

室内要保持一定的温度和湿度，一般夏季室温应控制在 26～28℃，冬季在 20～22℃，以使人感到舒适为宜。湿度保持在 50％比较合适，可以在室内放置水盆或使用加湿器来调节湿度。

4. 保持环境安静

产妇居室保持相对安静，要尽量避免噪声的干扰，可以播放轻柔的背景音乐。

5. 创造舒适的环境

舒适美观的环境能让产妇身心愉快，室内的用具、衣物应摆放整齐，避免杂乱。

二、产妇衣着的护理指导

1. 款式

衣服应宽松肥大、柔软舒适，式样应简单大方，穿着轻便，紧身的衣服不利于血液流通及生殖器官的恢复。也可以选择方便授乳、有哺乳开口的哺乳衣。

2. 材质

产妇衣服最好是纯棉制品，纯棉面料既保暖、吸汗，透气性能又好。

3. 薄厚适中

着装的薄厚应适中，产后因抵抗力有所下降，应根据季节变化注意增减衣服。产后不能因为汗多就穿得过少，容易引起感冒。夏天可穿面料较薄的长袖衣服、长裤、棉线袜子，穿得太厚易引起中暑。

三、哺乳期乳房的护理

产后 2～3 天乳汁分泌增加，乳房的血管和淋巴管扩张、充血，如此时新生儿吸奶次数不足，容易造成乳汁在乳房内淤积，出现乳房胀痛。产妇感到乳房胀痛明显，体温可轻度升高，如果不及时采取措施，容易产生乳汁淤积，引起急性乳腺炎。

1. 开奶

产妇分娩后，母婴护理师应协助产妇尽早开奶，在产后 30 分钟内，让新生儿与产妇进行皮肤接触，帮助新生儿有效地含接、吸吮双侧乳头，以得到每一滴初乳。产后频繁的吸吮有利于乳汁的分泌，减少奶胀的发生（参照第六章母乳喂养的技巧）。

2. 减轻乳房胀痛的护理

（1）早开奶，勤哺乳，通过婴儿的吸吮使乳腺管疏通，利于乳汁的排出。

（2）积极排空乳房。通过对婴儿勤喂奶把乳房内的乳汁排空。

（3）轻轻从四周向乳头方向按摩、挤捏，使乳汁排出。

（4）两次哺乳间冷敷乳房，减轻充血。

（5）用发酵面团 150～200 克均匀地敷在乳房上，用手向乳头方向挤捏并用吸奶器吸出乳汁。

（6）乳房过胀哺乳时，应指导产妇先挤出少许乳汁，待乳晕变软时再开始哺乳。

（7）乳房出现红肿热痛的情况，应建议产妇及时就医。

3. 乳头内陷或扁平的护理

乳头内陷需要产后做简单的乳头护理，每日用清水（忌用肥皂或酒精之类）擦洗、挤捏乳头，产妇也可用乳头矫正器矫正乳头内陷。指导产妇采取正确的母乳喂养姿势，大部分婴儿仍可从扁平或内陷的乳头吸吮乳汁。每次哺乳后可挤出少许乳汁均匀地涂在乳头上，乳汁中丰富的蛋白质和抑菌物质对乳头表皮有保护作用，可防止乳头皲裂及感染。

4. 催乳护理

产后无乳，乳汁不足，不能满足新生儿需要时，需要采取科学的方法促进乳汁的分泌。但产妇乳汁缺少的原因有很多，跟产妇身体的体质、营养、心理、睡眠、母乳喂养的方法、婴儿吸吮的刺激均有关系。催乳不是简单意义上的揉奶，乳汁不是单靠按摩手法催出来的，如果不清楚乳房的内部生理解剖结构、乳房泌乳原理、中医穴位，只是用手法大力按揉，不但不会增加泌乳，反而会对乳房造成伤害。应由专业人士综合运用生理、心理、中医、营养、护理、母乳喂养指导等相关知识进行催乳服务。

母婴护理师可以向产妇讲解母乳喂养的好处，建立产妇的信心，增加婴儿吸吮的次数，护理好产妇的饮食，进行食疗催乳，保证营养均衡，指导好睡眠和休息。

5. 指导产妇选择合适的哺乳内衣

为了给乳房有效的支撑，避免乳房下垂，建议产妇穿合适的哺乳内衣，以宽松的棉质内衣为宜，胸罩的罩杯要大小合适，不宜有钢托。避免胸罩过紧压迫乳房，不利于乳汁的畅通。

四、恶露的观察

恶露是产后随子宫胎膜脱落，从子宫经阴道排出的液体，含有血液、坏死胎膜组织及宫颈黏液。正常的恶露持续4～6周，恶露有时间和气味方面的两大特点，分为血性恶露、浆液恶露、白色恶露，依次排出。正常的恶露有血腥味但无臭味，持续4～6周，总量为250～500毫升。恶露的性状直接反映了产妇身体恢复的情况，应该密切观察。

1. 时间特点

（1）血性恶露。产后第1～2天呈鲜红色，可伴有小血块，持续3～7天后逐渐转为浆液恶露。

（2）浆液恶露。颜色呈浅红色或褐色，含有较多的宫颈黏液，约2周变为白色恶露。

（3）白色恶露。颜色呈白色或淡黄色，基本不含血液。恶露量由多渐少，持续3周后干净。具体持续时间根据创面恢复情况而定。

也有少数产妇恶露持续时间较长，但无异常情况，可不必紧张，密切观察即可。每日观察恶露的性状、量、色及气味。恶露多时，应指导产妇勤换卫生巾，保持会阴清洁，预防感染。

恶露量增多且血性恶露持续时间长，可能为子宫复旧不良或宫腔有胎盘和大量胎膜残留，应建议及时就诊。

2. 气味特点

恶露没有臭味，只有血腥味。恶露量多且有臭味，提示合并感染，应建议及时就诊。

五、会阴及手术伤口常规清洁

1. 会阴清洁

会阴侧切伤口一般3～5天愈合。为促进会阴伤口的愈合、消肿，应进行常规的清洁及消毒。

（1）物品准备。准备干净的水盆、2‰的新洁尔灭、温开水、棉球、清洁毛巾，为产妇清洁侧切伤口，每天2～3次。

（2）注意给产妇保暖，关门，注意操作的隐秘性。

（3）观察伤口是否有特殊反应（红、肿、热、痛），如果伤口红、肿、热、痛明显，提醒产妇及时到医院就诊。

（4）操作步骤。用浸透药液的棉球或毛巾擦洗会阴部。第一遍擦洗的顺序为自上而下，由外向内（阴阜—大腿内侧上1/3—大阴唇—小阴唇—会阴—肛周）；第二、三遍擦洗的顺序改为从内向外（小阴唇—大阴唇—阴阜—大腿内侧上1/3—会阴—肛周），或以伤口、阴道口为中心，逐渐向外擦洗。其目的是防止伤口、尿道口、阴道口被污染。可根据产妇情况增加擦洗次数，直至擦净，最后用干毛巾擦干。擦洗完毕更换恶露垫。

（5）指导侧切产妇应向会阴侧切口对侧侧卧或坐位，以免恶露污染伤口。

2. 手术伤口清洁

手术伤口5～7天愈合，剖宫产手术的伤口如果没有特殊反应，可以不必处理。如有轻度的红肿，可用75%的酒精涂擦，每日2～3次。如果伤口红、肿、热、痛明显，建议产妇及时就医。

六、子宫的复旧护理

产褥期随着子宫收缩，子宫底高度会出现变化，分娩当天子宫底与肚脐平或位于脐下一横指，以后每天下降一横指，产后 6 周恢复正常大小。宫缩引起下腹部阵发性疼痛，哺乳时产生的缩宫素加速子宫收缩，可使宫缩疼痛加重，属于正常现象。指导产妇观察子宫下降速度，并进行母乳喂养，促进子宫收缩。

七、产妇睡眠的护理

产褥期产妇需要足够的睡眠来恢复身体，但每 2～3 小时要进行哺乳，晚上也要频繁喂奶，导致产妇睡眠质量不佳，长期的睡眠不足会导致产妇失眠、脾气烦躁、心情压抑，影响泌乳量。

1. 睡眠时间

产褥期应保证产妇有充足的睡眠，每天要保证 8 小时左右的睡眠时间，为了保证产妇高质量的睡眠，产妇要跟随新生儿睡觉的规律，同步进行休息。

2. 正确的睡姿

产妇卧姿无特别的规定，以经常性地自由变换体位为佳。阴道自然分娩的产妇如有侧切伤口，在产后 3～4 天内应尽量向对侧方向侧卧，如切口在左侧应当向右侧睡，保持侧切伤口清洁干燥。建议产妇可以各种卧姿交替进行。

3. 睡眠环境

保持卧室安静、清洁，温度、湿度适宜，空气新鲜，以改善舒适度，提高睡眠质量。

八、褥汗的护理

产妇在产后最初几天出汗较多，特别是在睡眠中和初醒时，产妇衣服、被子都被汗水浸湿，此种生理现象称为“褥汗”，于产后一周左右自行好转。

1. 及时擦汗

为避免出汗后伤风着凉，出汗时用干毛巾随时擦干。

2. 勤换衣服及床单

出汗多导致衣服潮湿，汗水变凉后容易引起感冒。应勤换衣服及床单。

3. 注意个人卫生

产妇出汗多，再加之喂奶时有流出的乳汁，应经常淋浴或擦浴，勤换衣裤，保持皮肤清洁卫生。保持床单清洁干燥。

4. 合适的温湿度

调节卧室温湿度适宜，室内温度不要过高，室温以22摄氏度为宜，湿度50%左右，要适当开窗通风，保持室内空气流通、新鲜。

5. 穿盖要合适

产妇不要穿得过多，盖的被子不要过厚。

九、产妇的个人卫生护理

产妇分娩时出血、体力消耗，都会削弱身体抵抗疾病的能力。指导产妇做好个人卫生，产褥期应该正常进行刷牙、洗脸、洗脚、梳头等个人卫生清洁工作。

1. 正常刷牙洗脸

注意用温水洗漱，刷牙要轻轻地刷。

2. 勤换衣服，适时洗头、洗澡

洗澡有助于产妇皮肤清洁，降低会阴部或其他部位感染率，有益于产妇健康。母婴护理师要根据产妇身体的综合情况，指导并护理好产妇洗澡。产后洗澡应该淋浴，禁止盆浴，每次洗澡的时间不宜过长，一般 5～10 分钟即可，可根据季节和气候调节合适的室温和水温，洗浴完毕要注意防风、保暖。洗头时水温要适宜，动作要快，洗完后迅速擦干，用吹风机把头发吹干，头发干透了再上床休息。

3. 擦浴

如果产妇身体较虚弱，腹部有刀口，伤口愈合前可先做擦浴。可在母婴护理师帮助下进行擦浴，擦浴时应用温热毛巾，擦浴过程应注意产妇的保暖，对身体逐步进行擦浴。也可以用防水贴膜密封伤口后进行淋浴。

十、合理安排产妇活动

由于分娩产妇会感到很疲劳，产后 24 小时内除给新生儿哺乳外应充分睡眠和休息，使精神和体力都得以恢复。

（1）正常产妇，经阴道自然分娩的产妇产后 6～12 小时可起床做轻微活动。产妇起床时不应过快过猛，防止因一过性脑缺血而摔倒。正常分娩的产妇从产后第二天开始可做产后体操，要循序渐进。

（2）护理剖宫产的产妇时，由于产妇伤口缝合部位疼痛，母婴护理师应该先帮剖宫产的产妇勤翻身，护理时动作要慢，帮助其尽快恢复肠蠕动，一般在 24 小时后应该尽早离床活动，可在搀扶下下床适当活动，下床时产妇移动身体要慢，首先在床边坐下，然后搀扶产妇站立，如产妇无头晕、眼花等不适，再搀扶产妇继续行走。早日离床活动，有利于恶露排出、大小便通畅、食欲增加、盆底肌张力恢复及防止静脉栓塞的发生。

（3）适度活动和休息。如产妇感觉伤口疼痛、虚弱、头晕、乏力时，需多卧床休息。起床活动不过度，以产妇能承受为宜。

产妇生产半个月后可做轻微的体力活动，1 个月后可逐渐恢复正常人的活动，避免重体力劳动或长时间站立及蹲位，以防子宫脱垂。

第三节　产妇心理护理

一、产妇产褥期心理特点

1. 产后心理变化的影响因素

产妇产后需要从妊娠期及分娩期的不适、疼痛、焦虑中恢复，需要接纳家庭新成员及新生活，这一过程称为心理调适。产褥期产妇的心理处于脆弱和不稳定的状态，并与妊娠期心理状态、对分娩经过的承受能力、环境及社会因素有关。产妇的性格倾向、生活经历、夫妻间及家庭成员间的关系都是其产后心理变化的影响因素。

2. 产后心理感受

经过分娩期的产妇，特别是初产妇要经历不同的感受——高涨的热情、希望、高兴、满足感、幸福感、乐观、压抑及焦虑。有的产妇可能因为理想中的母亲角色与现实中的母亲角色的差距而发生心理冲突；因为胎儿娩出的生理性排空而感到心理上的空虚；因为新生儿的外貌特征及性别不能与理想中的孩子相吻合而感到失望、失落；因为现实母亲的太多责任而感到恐惧；还可能因为丈夫及家人注意力转移到新生儿身上而倍感失落。

3. 产后心理调适

产后心理调适的完成主要表现在两个方面：确立家长与婴儿的关系及承担母亲角色的责任。确立家长与婴儿的关系是指母亲接纳新生儿，视其为家庭中的一员，认识及重视其作为家庭中一员的特殊需要；与此同时，接纳一个新的家庭类型，调节好从夫妇两人生活方式到夫妇与婴儿三人的生活方式的转变。承担母亲角色的责任是指母亲逐渐地表现出情感性和动作性的护理技能，包括用积极的态度去认识、考虑婴儿的需要和要求，以及具体的护理行为。

二、产后心理分期

伴随新生儿的出生，产妇的角色从准妈妈转换成了母亲，她需要接纳新生儿，这需要产妇进行多方面的调整，逐渐完成心理和社会的适应，有一个心理成长分期的过程，这个过程可分为三个时期。

1. 依赖期

产后的1～3天，在这个时期，产妇仍然沉浸在分娩的感受中，产妇较多地谈论自己的妊娠和分娩经历，多表现为用言语来表达对新生儿的关心。对新生儿的关心和照顾产妇需要依赖别人。产妇更多注意自己的需要，特别是饮食和睡眠的需要。如果有较好的妊娠和分娩经历、满意的产后休息、丰富的营养和较早较多的与新生儿间的目光及身体接触，这将帮助产妇较快地进入第二期。在依赖期，丈夫及家人的关心帮助、母婴护理师的关心开导都极为重要。

2. 依赖—独立期

产后的3～14天，产妇表现出较为独立的行为，改变依赖期中接受特别照顾和关心的状态。她学习和练习护理自己的孩子，亲自喂奶而不要帮助。但这一时期也容易产生压抑心理，可能与分娩后产妇感情脆弱、太多的母亲责任、由新生儿诞生而产生爱的被剥夺感、痛苦的妊娠和分娩过程及糖皮质激素和甲状腺素处于低水平等因素有关。由于参与新生儿的护理使得产妇极为疲劳，这种疲劳又可加重压抑，容易使产妇感到委屈而哭泣，出现产后心境不良、产后抑郁症。母婴护理师应该指导和帮助纠正这种压抑心理，加倍地关心产妇并让其家人也参与。提供婴儿喂养和护理知识，耐心指导并帮助产妇护理和喂养自己的孩子，鼓励产妇表达自己的心情并与产妇多交流等，有助于提高产妇的自信心和自尊心，促进其接纳新生儿、接纳自己。

3. 独立期

产后2周至1个月，在这一时期，新家庭形成并开始运作。产妇和她的家庭逐渐成为一个系统，形成新的生活形态。夫妻二人加上婴儿共同分享欢乐和责任，开始恢复分娩前的家庭日常活动。在这一时期，产妇及其丈夫往往会承受许多压力，如兴趣与需要的背离，哺育婴儿、承担家务及维持夫妻关系中各自角色扮演的矛盾等。

三、产后心理调适及护理

产褥期是产妇身心恢复的关键时期，了解产妇心理调适的各个时期，进行有针对性的护理及开导，就能够使产妇顺利度过产褥期。妇女从妊娠到分娩是经历了一次非常强烈的身体和情感体验，也是一次强烈的生理、心理应激过程，易引起产妇分娩结束，产妇从长时间的精神紧张状态中解放出来后，会为新生儿的将来产生种种顾虑，接着会出现情绪不稳定、失落感。

1. 注意观察产妇的情绪变化

在日常照料中，对于产妇的情绪变化要比较敏感，及时发现，当产妇情绪低落时，要主动关心，与其进行交流。

2. 掌握沟通技巧

与产妇沟通交流时，要能体察产妇的感受，鼓励产妇说出自己的感受与不愉快。

3. 争取家人的支持

母婴护理师需及时与产妇家人尤其是丈夫沟通，保证产妇充分的休息与睡眠，要经常给产妇一些安慰，解除使产妇烦恼的实际问题，努力使产妇保持愉快的心境。

4. 帮助产妇适应角色

帮助产妇尽快适应母亲的角色，让产妇多和新生儿在一起，看着怀里的小宝宝，产妇会有一种轻松、安详、幸福的感觉。当产妇心情不愉快时，多听产妇倾诉，并适当开导。

四、产后抑郁症及护理

产后抑郁症也叫产后忧郁症，通常在产后 14 天内出现症状，产后 4 周内发病，症状有紧张、疑虑、内疚、恐惧等，极少数严重的会有绝望、离家出走、伤害新生儿或自杀的想法和行动。

1. 产后抑郁症的表现

产妇主要表现为失眠、焦虑、烦躁、伤心流泪且夜间加重。思维受损，主动性降低，表现为反应迟钝，处理事情能力低下，不能履行母亲的职责，疲劳但不能安心休息。病情发展表现为精神压抑，无助感，沮丧，兴趣降低或完全丧失，悲观失望，对生活缺乏信心，孤独，对身边的人充满敌意和戒心，与丈夫及家人的关系协调障碍，常伴有头痛、头晕、口渴、恶心、食欲不振、呼吸和心率加快、泌乳减少等症状。

产妇的表现往往围绕着母亲角色。与婴儿的关系多表现为对婴儿的健康状态或丈夫事业过分关注，或者自以为对婴儿缺乏爱心或照顾不周而自责，有时表现出对婴儿的回避，偶有自杀或杀害婴儿的倾向。本病若及时诊治，积极治疗，其愈后良好，仅少数有残留症状或再次妊娠时存在复发的危险。

2. 产后抑郁症的家庭护理

（1）家属要学习和掌握疾病知识，正确对待疾病，多给予理解、关心和支持。学会观察和识别方法，一旦发现，应尽早干预，到正规医疗机构治疗，避免病情加重，避免不良后果的发生。

（2）因患者病后各种能力会有不同程度的下降，配偶和家人要主动承担家务，分担照料孩子的事务。

（3）为患者创造安静、闲适、健康的休养环境和氛围，对患者日常生活进行照顾，让患者感受到温馨和支持。

（4）在照顾孩子的忙碌中，别忘记多与患者沟通，观察其情绪变化，对焦虑、忧郁、自责情绪进行劝解疏导，对悲观的情绪要给予信心和希望，注意发现悲观的情绪和自伤自杀、伤害孩子的先兆，避免不良行为的发生。

（5）如果病情严重，考虑住院治疗。

第四节　产妇异常产褥的护理

异常产褥是指在产褥期出现感染或其他异常情况。异常产褥较常见的有产褥感染、急性乳腺炎等。产褥期是产妇身体与心理恢复的关键时期，在此过程中，要加强护理和观察、及时发现问题并进行切实的健康指导。情况严重的，提醒产妇及时就医。

一、产褥感染的护理

产褥感染是指分娩时及产褥期病原体侵入生殖道，引起局部和全身的炎性变化。正常女性阴道对外界致病因子侵入有一定的防御能力，一旦因分娩降低或破坏了女性生殖道的防御功能和自净作用时，如产妇体质虚弱、营养不良、孕期贫血、妊娠晚期有性生活、胎膜早破、羊膜感染、产程长等均可成为产褥感染的诱因。发生产褥感染时，由于病原体侵入部位不同引起的炎症表现不同。产褥感染的三大主要症状是发热、疼痛、异常恶露。

产褥感染的护理要点如下：

（1）通过观察及时发现问题，提供良好照顾。

（2）做好会阴、乳房及全身皮肤清洁卫生护理，及时更换卫生垫，注意保持会阴部清洁卫生，勤换内衣裤并保持床单清洁。

（3）根据感染部位，遵照医护人员指示，采取不同的卧位。

（4）鼓励产妇进食高蛋白、高维生素、易消化的食物，补充足够的水分，提高机体抵抗力。

（5）遵医嘱服药，或局部处理。

二、急性乳腺炎的护理

急性乳腺炎多发生于产后哺乳期妇女，产后6周内发病为多见。急性乳腺炎是乳房的急性化脓性炎症，感染早期呈蜂窝织炎，数天后可形成脓肿。急性乳腺炎多由于乳头皲裂、乳腺导管开口阻塞，引起乳汁淤积所致。本病起病急，初期乳房肿胀、疼痛，皮肤不红或微红，继之局部硬结逐渐增大，疼痛加剧，伴发热，如不及时治疗，常转化成脓肿。

急性乳腺炎产妇的护理要点如下：

（1）产妇要勤哺乳，不让婴儿含乳头睡觉。

（2）每次哺乳时尽量让婴儿吸净，防止乳汁在乳房内淤积。

（3）如有淤积，要及时用吸奶器吸出乳汁，或用手指轻轻按摩、揉推，使乳汁流出，并用吸奶器吸乳，尽量排空乳汁。

（4）如产妇的体温在38摄氏度以上，乳房局部皮肤出现红肿热痛症状，应到医院就诊。

三、乳头皲裂的护理

乳头皲裂就是乳头破损，乳头上出现放射状小裂口，常由于哺乳时婴儿的含接姿势不正确、新生儿用牙龈压挤乳头、产妇从新生儿口中用力拽乳头时引起乳头皲裂。每次哺乳产妇都会感到乳头疼痛。

乳头皲裂的护理方法如下：

（1）开始哺乳时应注意乳头的清洁卫生。哺乳前，可挤出少许乳汁清洗乳头。姿势要正确，婴儿应将大部分乳晕含入口中，每次喂完奶后，将乳汁涂于乳头上，湿润乳头，自然晾干后再穿上宽松的内衣。

（2）如乳头轻微皲裂，仍可哺乳，新生儿饥饿时，吸吮的力量比较大，哺乳时先从没有皲裂或者皲裂较轻侧乳房开始。皲裂严重者可暂停乳头破裂侧乳房的喂奶，用吸奶器吸出乳汁来喂婴儿。如有红肿、发热等继发感染，应及时诊治。

（3）防止皲裂最好的办法是对产妇进行哺乳指导，用正确的喂养姿势喂奶，让婴儿含住大部分乳晕及乳头。

四、产妇便秘的护理

产妇在产后几天内的饮食单调，往往缺乏纤维素食物，尤其缺少粗纤维的摄入，这就减少了对消化道的刺激作用，也使肠蠕动减弱，影响排便。

产妇便秘的护理要点如下：

（1）产妇在分娩后应适当地活动，不能长时间卧床，应适当帮助其下床活动。

（2）加强饮食调理。在饮食上，要多喝汤、多饮水、多吃纤维多的食品，如山芋、粗粮、芹菜等。多吃能够促进肠蠕动的食品，如蜂蜜、香蕉、芋头、苹果等。

（3）养成早晨定时大便的习惯。

五、产褥中暑的预防与护理

炎热的夏天，传统的“坐月子”不能通风、不能洗澡，产妇在高温闷热的环境中，体内余热不能及时散发所引起的中枢神经性体温调节功能障碍称为产褥中暑。产褥中暑多因为旧风俗、旧习惯的影响，产妇生产后，关门闭户，不能开空调，禁沐浴，盛夏季节也不例外，更严重的，有发热症状时，用衣被严加覆盖，强行出汗，导致产妇中暑。产妇主要表现为高热，以及其他身体系统方面发生损害。若处理不当，可遗留严重后遗症，甚至死亡，因此必须注意预防。

产褥中暑的预防与护理要点如下：

（1）居室讲究卫生，保持通风，保持清洁。

（2）注意个人清洁卫生，不要穿得太多，不要穿不透气、不散热的衣服。

（3）多吃易消化、营养高的稀薄食物和水果、蔬菜。

（4）出现中暑先兆症状（如口渴、多汗、心慌、恶心、胸闷、四肢无力）时，应立即到医院就诊。

第五节 产妇的康复健身

产褥期产妇应进行科学的产后运动，如深呼吸运动、胸部运动、颈部运动、腿部运动、臀部运动，以及产道收缩运动、腹部运动等。通过做产后健身操，促进血液循环，可以帮助子宫复旧，尽快恢复盆底肌肉的张力，缓解肌肉紧张造成的酸痛，有利于尽快恢复身材。产后 24 小时如无不适症状即可开始做产后健身操，如抬腿、缩肛运动等。产后 2 周可加做胸膝卧位，以预防或纠正子宫后倾。产妇做操，运动量应逐渐增加，时间由短到长。做操过程中要注意观察恶露是否有反复，如果恶露量和颜色有变化要停止。产妇可以在床上或软垫上跟着音乐做操。

一、产妇锻炼的重点部位及方法

1. 腹部锻炼

产妇仰卧于床上，做深吸气，使腹部膨胀，然后轻轻呼气，同时用力收缩腹部肌肉，使腹部下陷，反复多次。从产后第 2 天做至第 4 周末。有利于恢复松弛的腹部，增强腹肌（见图 4—1）。

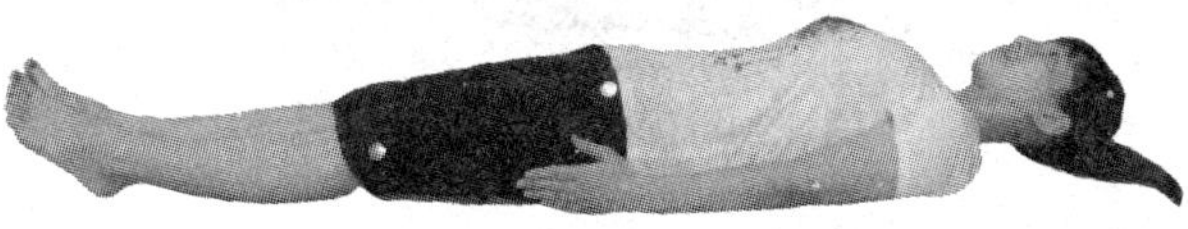

图 4—1 腹部锻炼

2. 下肢、背肌锻炼

产妇仰卧于床上，两臂放于身体两侧，与身体稍微离开，然后轻轻抬起双膝、臀部及后背，使身体呈弓形。从产后第 2 天做至第 4 周末。有利于恢复大腿肌肉及腰背部肌肉的力量。髋与腿放松，分开稍屈，脚底放在床上，尽力抬高臀部及背部（见图 4—2）。

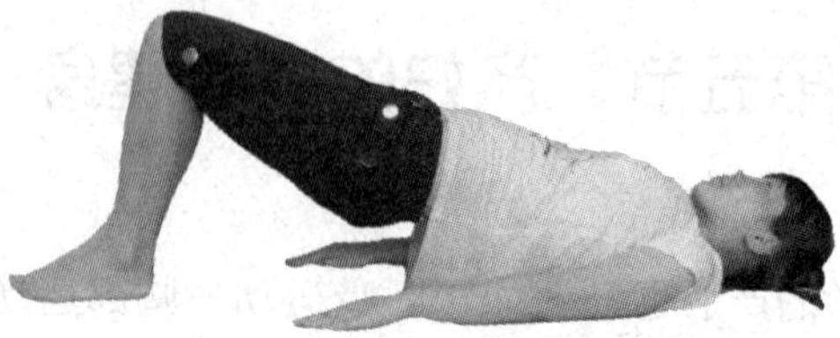

图 4—2　下肢、背肌锻炼

3. 腹肌、臀部锻炼

产妇仰卧于床上，两臂直放于身旁，双腿轮流上举和并举，与身体成直角。从产后第 4 天做至第 6 周末。有利于恢复松弛的腹部及臀部，可减少脂肪堆积（见图 4—3）。

图 4—3　腹肌、臀部锻炼

4. 腹肌、腰部锻炼

产妇仰卧于床上，进行仰卧起坐，从产后的第 10 天做至第 6 周末。有利于恢复腹部及腰部（见图 4—4）。

图 4—4　腹肌、腰部锻炼

5. 腰部锻炼

产妇跪姿，双膝分开，肩肘垂直，双手平放于床上，腰部进行左右旋转运动。从产后第 10 天做至第 6 周末，有利于背部、腹部、臀部的恢复（见图 4—5）。

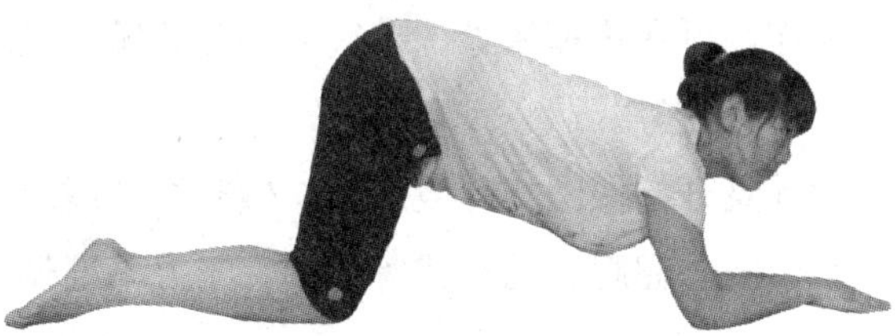

图 4—5　腰部锻炼

6. 下肢锻炼

产妇跪于床上，双臂支撑在床上，左、右腿交替向背后高举（见图 4—6）。

7. 注意事项

（1）从简单轻便的项目开始，依据个人情况逐渐加大运动量，避免过于劳累。

（2）必须持之以恒，肌肉张力需恢复 2～3 个月。

（3）运动时一旦出血或有不适感，应立即停止。

图 4—6　下肢锻炼

二、剖宫产产妇锻炼注意事项

剖宫产的产妇应参加适当的锻炼，并应与自然分娩的产妇有所不同。剖宫产产妇在卧床休息后，如果没有任何合并症，可在拔掉尿管、排气之后开始做呼吸运动和四肢运动，如胸式呼吸，上肢的扩胸、开合、张开等。

正常进食后可下床活动并且开始做腹式呼吸练习，做收缩肛门、憋尿等骨盆底肌及提肛门锻炼，在床上做一些仰卧举腿、屈腿、踏车式等活动，千万不要做使腹肌强烈收缩的拉伸腹部的动作。

3～4 周后的锻炼与自然分娩产妇的锻炼相同。

三、产后 42 天检查的重要性

妇女于妊娠期间体内所发生的解剖和生理上的变化，在产后都要逐渐恢复到原来的状态。为了了解恢复的情况，当产褥期结束时，应给产妇进行一次全面的体格检查。发现问题可以及时进行卫生指导及处理，从而保障产妇的身体健康和劳动能力。这项检查通常安排在产后 6～8 周施行，以便了解产妇恢复情况。对于产妇和新生儿，42 天检查非常重要。

第五章 产妇的膳食营养与制作

第一节　哺乳期产妇的膳食原则

产妇由于怀孕及分娩，流失了大量的蛋白质、脂肪、碳水化合物、多种维生素、多种矿物质及水分。一方面，要补偿已消耗的营养素储备，促进各器官、各系统功能的恢复；另一方面，要分泌乳汁，哺育婴儿。如果供给的营养不足，会影响母体的健康和婴儿的生长发育。因此，应根据哺乳期产妇的生理特点及乳汁分泌的需要，合理安排膳食。

一、增加鱼、禽、蛋、瘦肉及海产品摄入

动物性食品如鱼、禽、蛋、瘦肉等，可提供丰富的优质蛋白质，哺乳期产妇每天应增加总量 200～300 克的鱼、禽、蛋、瘦肉，其提供的蛋白质应占总蛋白质的 1/3 以上。此外，哺乳期产妇应增加海产品摄入，对婴儿的生长发育有益。

二、适当增饮奶类，多喝汤水

奶类含钙量高，易于吸收利用，是钙的最好食物来源。哺乳期产妇每日若能饮用牛奶 500 毫升，则可从中得到约 600 毫克优质钙。

对于那些不能或没有条件饮奶的哺乳期产妇，建议适当多摄入可连骨带壳食用的小鱼、小虾；大豆及其制品、坚果及其制品和深绿色蔬菜等也是含钙较丰富的食物；必要时可在保

健医生的指导下适当补充钙制剂。此外，鱼、禽、畜类等动物性食物宜采用煮或煨的烹调方法，促使哺乳期产妇多饮汤水，以增加乳汁的分泌量。

三、产褥期食物多样，不过量

产褥期的膳食同样应是多样化食物构成的平衡膳食，以满足营养需要为原则，无须特别禁忌。要注意保持产褥期食物多样、充足而不过量，也要注意粗细粮的搭配。

四、忌烟酒，避免喝浓茶和咖啡

哺乳期产妇吸烟（包括被动吸烟）、饮酒对婴儿健康有害，哺乳期应继续忌烟酒，避免饮用浓茶和咖啡。

五、科学活动和锻炼，保持健康体重

哺乳期产妇除注意合理膳食外，还应适当运动及做产后健身操，这样可促使产妇机体复原，保持健康体重，也可以减少产后并发症的发生。哺乳期产妇进行一定强度的、规律性的身体活动和锻炼不会影响母乳喂养的效果。

孕产妇平衡膳食宝塔图如图 5—1 所示。

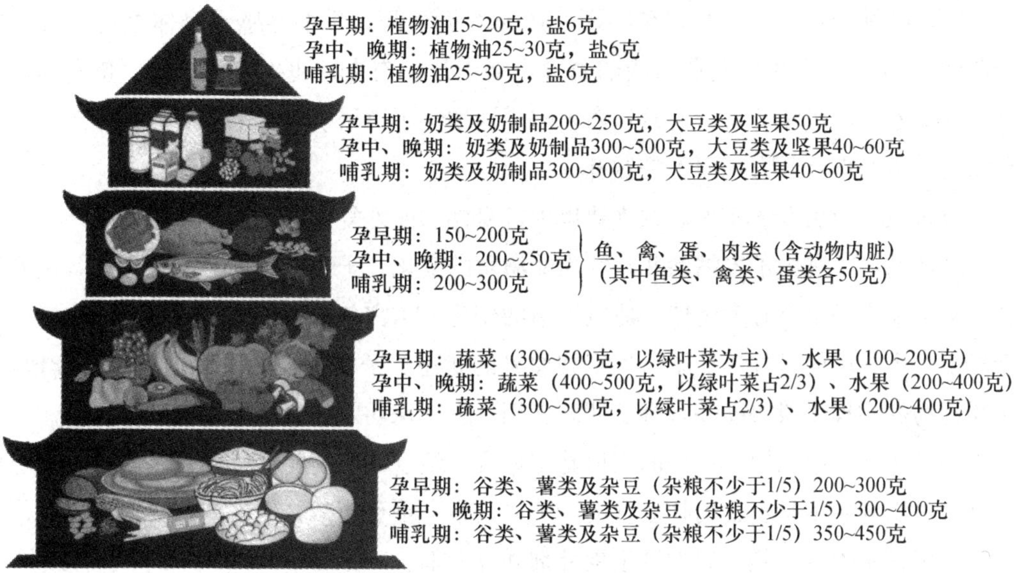

图 5—1　孕产妇平衡膳食宝塔图

第二节　哺乳期产妇的食疗食养原则

一、根据产褥期的不同阶段安排饮食

第一阶段，产后 1～3 天。饮食应清淡、易消化为主。

产后前三天，产妇的体力尚未恢复，食物以清淡、不油腻、易消化、易吸收、营养丰富为主，形式为流质或半流质。可食用牛奶、豆浆、藕粉、糖水鸡蛋、鸡蛋羹、馄饨、小米粥等，不要吃刺激性食物。

剖宫产的产妇一般要在产后 24 小时之后进食。因为产妇的肠胃功能还没有完全恢复，每餐不要进食过多，三餐之间可以加餐，要少食多餐。

第二阶段，产后 4～7 天。饮食功能以排出恶露、促进食欲为主。

不论是哪种分娩方式，产妇在刚刚生产完的最初几日里都会感觉身体虚弱、胃口比较差。产后 4～7 天里，可以吃些清淡的荤食，如肉片、肉末、瘦牛肉、鸡肉、鱼肉等，配上时鲜蔬菜一起炒，口味清爽、营养均衡。橙子、柚子、猕猴桃等水果也有开胃作用。本阶段的重点是排出恶露、开胃，而不是滋补。

第三阶段，产后 8～14 天。饮食要以促进身体功能恢复、补气血为主。

经过怀孕，子宫为了容纳胎儿，经由雌激素的变化，子宫壁会变厚、变柔软，血液供应增加，整个变为一个空心大肉球。适应了新的变化，子宫各组织层充满着血液。产后，身体就会经由一个和缓的过程，让子宫恢复到原来的状态。子宫恢复的主要动作是持续地收缩，除了靠药物和物理手段协助外，月子期间食用具有特殊功效的食物也是必不可少的。

进入月子期的第二周，产妇的伤口基本愈合。经过上一周的精心调理，胃口会有明显好转。这时可以开始尽量多食用补血食物。苹果、梨、香蕉能减轻便秘症状又富含铁质，动物内脏富含多种维生素，是理想的维生素补剂和补血剂。

第四阶段，产后 15～30 天。饮食要正常进补营养物质，以促进乳汁分泌为主。

产后产妇由于大量失血，常造成气血两虚，从而出现乳汁不足、大便秘结、血虚体弱、头晕、乏力，甚至产后腹痛等，影响正常生活，产后第三周、第四周饮食上应以补气补血、强筋骨、促进乳汁正常分泌为主要功效，月子餐要营养均衡、咸淡适中。产后不同阶段的饮食参考食谱见表 5—1。

表 5—1　　产后不同阶段的饮食参考食谱

饮食功能	排出恶露，促进食欲		恢复与调整，补充营养	正常进补，促进泌乳
时间	第一周（产后 1～3 天）	第一周（4～7 天）	第二周（8～14 天）	第三、四周（15～30 天）
早餐	1. 陈皮海带粥/鲈鱼粥 2. 小米面发糕/小豆包 3. 开胃小菜，煮鸡蛋	1. 香菇芋头肉丝粥/火腿粥/营养鸡丝粥 2. 素菜包/红豆包/鸡蛋饼 3. 开胃小菜，煮鸡蛋	1. 山药枸杞粥/鱼片粥/杏仁大米粥 2. 小笼包/豆沙包/三鲜蒸饺 3. 开胃小菜，煮鸡蛋	1. 紫米粥/山药芝麻粥/菜肉馄饨 2. 小花卷/炸馒头片/小笼包 3. 开胃小菜，煮鸡蛋/荷包蛋
加餐	牛奶/豆浆，红豆汤，小点心	红枣养肝汤，牛奶/豆浆，小点心	红豆汤，排骨莲藕汤，牛奶/豆浆，小点心	当归生姜羊肉汤，牛奶/豆浆，红豆汤，小点心

续表

饮食功能	排出恶露，促进食欲		恢复与调整，补充营养	正常进补，促进泌乳
午餐	1. 荷叶粥/小米龙眼粥 2. 海米油菜/猪肝炒油菜 3. 萝卜汤/鲜蘑豆腐汤 4. 三丝银耳	1. 燕麦粥/薏仁米饭 2. 桃仁鸡丁 3. 葱烧鲫鱼/清蒸鲈鱼（鲤鱼） 4. 山药烧胡萝卜/四宝菠菜 5. 三鲜汤/香菇豆腐汤/猪肝汤	1. 牛肉粥/山药紫米粥/胡萝卜牛肉饭 2. 清蒸鳜鱼/南瓜豆豉蒸排骨 3. 当归母鸡汤/芪参炖乌鸡 4. 什锦蔬菜 5. 银耳竹笋汤/枸杞猪肝汤	1. 红枣米饭/薏仁米饭 2. 枸杞蒸鳗鱼/黄酒蒸虾 3. 腰果鸡丁 4. 大骨头白萝卜汤/鲫鱼猪蹄通草汤 5. 姜汁苋菜/什锦番茄
加餐	小米红糖粥/红豆汤，水果，小点心	什锦甜粥/甜藕粥/甜糯米桂圆粥，水果，小点心	甜糯米桂圆粥，排骨莲藕汤，水果，小点心	醪糟蛋花汤/糯米粥，花生大枣烧猪蹄/黄豆猪蹄汤，水果，小点心
晚餐	1. 四神粥 2. 牛肉炒芹菜 3. 海带豆腐汤/葱白鸡蛋汤/鸡蛋羹	1. 山楂粥/红薯红枣饭 2. 栗子炖鸡/松子肉丁 3. 香油拌木耳/香菇菠菜 4. 红青萝卜牛肉汤/木瓜花生大枣汤	1. 莲子粥/薏仁米饭/三文鱼炒饭 2. 芝麻牛排/香菇烧鲤鱼 3. 白玉黄花菜 4. 排骨蘑菇汤/山药红枣排骨汤	1. 花生粳米粥/香椿鸡蛋炒饭 2. 鲫鱼豆腐汤/木瓜花生排骨汤 3. 蒜蓉油麦菜/香菇菜心 4. 南瓜蒸肉
加餐	红豆汤/三鲜汤面/龙须面/菜肉馄饨	空心菜粥/麻油鸡蛋面/蔬菜面	猪肝清汤/蛋花桃仁米酒	鸡汤面/莲子炖猪肚汤/黄花菜

二、按照三因制宜原则安排饮食

食疗食养就是利用食物（谷肉果菜）性味方面的偏颇特性，如偏寒、偏热、偏温、偏凉的属性，以及饮食的不同功效来有针对性地用于某些病症的治疗或辅助治疗，以帮助机体恢复健康的一种方法。

基于中医“药食同源”“食药同用”的理论，通过充分利用食物的不同性能和功效，可达到调整人体阴阳气血、脏腑功能平衡的目的。

由于受季节气候、地理区域对机体生理和病理的影响以及存在个体体质差异、年龄差异等，产褥期膳食配制要遵循以下原则：

1. 因人制宜

不同的产妇因年龄、体质等因素的影响，身体情况不同，饮食习惯不一样，即使是同一人体，在一生中各个时期其体质及血气盛衰也有所变化。进行膳食配餐时，必须充分考虑到这些情况，区别对待，采取适宜的方案。

2. 因时制宜

人与自然界是息息相关的整体，四季气候的变化对人的生理功能、病理变化产生一定的影响。因此，人的饮食应根据季节气候的不同而有所变化。

例如，春季万物生发，人体阳气上升，肝气得以疏泄，气血趋于体表，故饮食应以清补养肝为主，省酸增甘，食用春笋、芹菜、荠菜、菠菜、海带、山药、鸡蛋等，不宜多食酸味食物，以免使肝气过盛而损害脾胃，另外还应少吃油腻食物、少吃发物。

夏季气候炎热，人体阳热偏盛，腠理开泄，出汗过多，易耗气伤津，盛夏防暑，长夏防湿。故饮食宜减苦增辛，应以清热解暑、益气生津、清暑利湿为主，宜食用绿豆、赤小豆、苦瓜、西瓜、山药、番茄、苹果、葡萄、鸭肉、鸡蛋、薏苡仁、冬瓜等。

秋季气候干燥，人体易津亏体燥、津伤肺燥，故饮食应以生津润燥、滋阴润肺为主，宜少辛增酸，宜食用梨、银耳、百合、山药、牛乳、鸭肉、花生、枇杷、蜂蜜等。

冬季气候寒冷，人体阳气偏虚，阴寒偏盛。腠理密闭，故饮食应少咸多苦，以温补助阳、补肾益精为主，宜食用羊肉、鸡肉、牛肉、山药、胡桃仁、猪蹄、牛乳等。

3. 因地制宜

我国地域广阔，南方、北方的差异比较大，各地气候条件及人们的生活习惯不一样，对人的生理功能、病理变化也会产生一定的影响。因此，在进行食疗时应根据地域特点来配制膳食。

例如，我国东南沿海地区气候潮湿，人体易感受湿热之邪，故宜食用有清热利湿功效的食物，如薏苡仁、赤小豆、绿豆、鲤鱼等。西北部地区气候干燥寒冷，人体阴寒偏盛，津液偏亏，故宜食用具有温补阳气、滋润生津功效的食物，如胡桃仁、羊肉、银耳、黑芝麻、松仁、蜂蜜、牛乳、杏仁、百合等。

三、根据哺乳期产妇不同体质确定饮食

1. 哺乳期产妇体质

哺乳期产妇体质主要分为气血两虚型和肝郁气滞型。

（1）气血两虚型。平时面色萎黄，指甲色淡，唇色淡红，皮肤不润，易感到头晕眼花、疲乏无力，哺乳期间容易出现产后少乳、面色苍白、胃纳不佳、气短乏力、便溏、乳房柔软、舌淡苔少等症状；若脾胃气虚，不能固摄，可出现乳汁自出症状；若产妇劳累过度致阳气虚，则会出现乳汁涌下症状。

（2）肝郁气滞型。平时容易出现胸闷不舒、小腹胀痛、累及两肋症状，经期容易出现经行不畅、痛经等症状。哺乳期间容易出现乳汁不行，乳房胀满、疼痛或有肿块，胸肋满闷，食少呃逆，舌质暗红等症状。

常见食物的功效分类见表5—2。

表5—2　　常见食物的功效分类表

功效分类	食物名称
补气类	粳米、糯米、粟米、大黄米、糜子米、高粱、莜麦、豌豆、扁豆、豇豆、山药、甘薯、芋薯、马铃薯、南瓜、香菇、蘑菇、草菇、猴头菇、大枣、樱桃、莲子、榛子、鸡肉、鹅肉、猪肚、火腿、牛肉、兔肉、鹅蛋、鸽蛋、鹌鹑蛋、鳜鱼、鳝鱼、泥鳅、银鱼、黄鱼、鲈鱼、鲥鱼、海鳗、蜂蜜、白糖
补阳类	胡桃仁、粟子、猪肾、鸡肝、马肉、海参、虾、对虾、淡菜
补血类	燕麦、向日葵子、花生、菠菜、桂圆肉、葡萄、马乳、鸽肉、乌骨鸡、驴肉、猪肝、猪心、猪蹄、羊肝、牛肝、乌贼、鲍鱼、章鱼、鲇鱼、带鱼
补阴类	黑豆、黑芝麻、银耳、金针菇、榛蘑、甘蓝、花椰菜、枸杞、百合、桑葚、荔枝、沙棘、菠萝、菠萝蜜、芒果、牛乳、羊乳、鸭蛋、咸鸭蛋、鸭肉、鹌鹑肉、猪肉、猪脑、猪肚、猪髓、牡蛎肉、蛤蜊、冰糖
消食类	玉米、大麦、山楂、杨梅、刺梨、海棠果、番木瓜、火龙果、西红柿、白萝卜、胡萝卜

续表

功效分类	食物名称
清热类	黑米、绿豆、豆腐、豆浆、西瓜、香蕉、甘蔗、猕猴桃、李子、椰子、柠檬、甜瓜、哈密瓜、橄榄、无花果、菱角、茭白、苦瓜、黄瓜、水芹、苋菜、大白菜、小白菜、绿豆芽、黄豆芽、茄子、卷心菜、香椿叶、莼菜、鱼腥草、黄花菜、冬寒菜、芥蓝
化痰类	豆腐皮、魔芋、梨、金橘、荸荠、竹笋、丝瓜、芥菜、桔梗、洋葱、茼蒿、芦笋、海蜇、紫菜、海带、海藻、松花蛋
止咳喘类	杏、甜杏仁、枇杷、柿子、苹果、草莓、猪肺
祛湿类	籼米、荞麦、薏苡仁、赤小豆、蚕豆、黄豆、四季豆、冬瓜、荠菜、莴笋、蕨菜、平菇、鲤鱼、鲫鱼、青鱼、田螺、螺蛳

2. 气血两虚型产妇的饮食

需多食用滋补性食物以补养气血，使得乳汁生化有源。可选用的主食有蒸饼、面片汤、粳米粥、豌豆粥等，可选用的副食有牛肉、羊肉、鸡肉、蛋类、骨汤等。各种食材宜炖烂熟透。

常用食方如下：

羊肉粥：羊肉100克（切成块）、高粱米100克合煮成粥，放葱、盐即可食用。羊肉性味甘、热，熟食可补益气血，助阳健力，高粱米可健脾益中，二者煮粥滋养，产后脾虚、体虚者尤宜。

炖鲤鱼：鲜鲤鱼1尾，约500克，洗净，和赤小豆500克一起放入锅内，加水2 000～3 000毫升清炖，至鱼熟豆烂，加适量盐，即可食用。

鲤鱼性平味甘，有利水消肿、下气通乳的功效。产妇气血不足，产后乳汁不下可选此汤配合其他食品用来补益食养。

黄豆芽鱼汤：鲫鱼去鳞及内脏，清炖连汤食，或加黄豆芽，通常同煮连汤食。

鲫鱼炖木瓜：鲫鱼1条，刮鳞去腮，开膛去内脏。木瓜半个，去皮切成块。红枣10颗，去核，冲洗干净。锅内倒油烧热，放入姜片煸香，加入鲫鱼稍煎去腥味。另起锅加油烧热，加入水烧开后放入鲫鱼、木瓜、红枣、料酒，烧开锅后用小火煲2小时，加盐、味精调味即可。乳母气血不足，且胃纳欠佳者，可选此作为补益食养品。

麻油猪肝：猪肝500克切薄片，老姜洗干净，切薄片。将麻油倒入锅内，用中火烧热，放入老姜转小火，到姜片两面皱起，呈褐色，转大火放入猪肝炒至猪肝变色，加入适量盐即可食用。可补肝明目、养血通乳，适用于肌体消瘦、乳汁缺乏等。

3. 肝郁气滞型产妇的饮食

产后乳少属肝郁气滞者，饮食宜清淡，或补而不腻。

常用食方如下：

猪蹄豆腐汤：猪蹄 1 个，洗净切成小块，与葱白 2 根、豆腐 60 克同放入砂锅内，加水适量，用文火煮半小时，再倒入少量黄酒，加入少量食盐即可食用。服用时吃豆腐，喝汤。

豌豆红糖饮：豌豆 50 克，水 400 毫升，大火烧开后，小火炖至酥烂，下红糖，至糖溶。分 1～2 次食豆喝汤。

豌豆性平味甘，可以调和营卫、益气和中、利湿解毒，配以红糖，适用于调理肝郁气滞型产妇产后缺乳。

莴笋丝瓜粥：粳米 100 克，洗净，加水适量，熬至粥将成时，加入莴笋、丝瓜和精盐，继续熬至笋、瓜熟粥成，下味精，淋麻油，调匀，分 1～2 次空腹食用。

适用于产后乳汁不通、肝郁气滞型缺乳。

4. 果蔬选择

可选择性温、平的蔬果。

蔬菜：卷心菜、豇豆、马铃薯、芋头、生姜、葫芦、南瓜等。

果品：李子、葡萄、椰子、桃、杏、大枣、荔枝、桂圆、柠檬、石榴、木瓜、樱桃、南瓜子、花生、松子、核桃等。

第三节 月子餐制作的相关知识

一、刀工技法

刀工的基本要求：

（1）必须粗细、厚薄均匀，长短相等。

（2）必须清爽利落，不可互相粘连。

（3）必须符合烹调方法及火候要求。

（4）必须掌握原料性能。

（5）注意菜肴主辅料形状。

（6）合理利用原料，防止浪费。

二、焯水

焯水就是将初步加工的原料放在开水锅中加热至半熟或全熟，取出以备进一步烹调或调味。它对菜肴的色、香、味，特别是色起着关键作用。

1. 焯水的作用

（1）可以使蔬菜颜色更鲜艳，质地更脆嫩，减轻涩、苦、辣味，还可以杀菌消毒。如菠菜、芹菜、油菜通过焯水变得更加艳绿。苦瓜、萝卜等焯水后可减轻苦味。扁豆中含有的血球凝集素，通过焯水可以消除。

（2）可以使肉类原料去除血污及腥膻等异味，如牛、羊、猪肉及其内脏焯水后都可减少异味。

（3）可以调整几种不同原料的成熟时间，缩短正式烹调时间。由于原料性质不同，加热成熟的时间也不同，可以通过焯水使几种不同原料的成熟时间一致。如肉片和蔬菜同炒，蔬菜经焯水后达到半熟，那么，炒熟肉片后，加入焯水的蔬菜，很快就可以出锅。如果不经焯水就放在一起烹调，会造成原料生熟不一、软硬不一。

(4) 便于原料进一步加工操作，有些原料焯水后容易去皮，有些原料焯水后便于进一步加工切制等。

2. 焯水的方法

(1) 开水锅焯水。是将锅内的水加热至滚开，然后将原料下锅。下锅后及时翻动，时间要短。要讲究色鲜、脆、嫩，不要过火。这种方法多用于植物性原料，如芹菜、菠菜、莴笋等。焯水时要特别注意火候，时间稍长，颜色就会变淡，而且也不脆、不嫩。因此放入锅内后，水微开时即可捞出晾凉。不要用冷水冲，以免造成新的污染。

(2) 冷水锅焯水。是将原料与冷水同时下锅，水要没过原料，然后烧开，目的是使原料成熟，便于进一步加工。土豆、胡萝卜等因体积大，不易成熟，需要煮的时间长一些。有些动物性原料，如白肉、牛肚等，也是冷水下锅加热成熟后再进一步加工的。有些用于煮汤的动物性原料也要冷水下锅，在加热过程中使营养物质逐渐溢出，使汤味鲜美，如用热水锅，则会造成蛋白质凝固。

三、配菜

配菜是指根据菜肴品种和各自的质量要求，把经过刀工处理后的两种或两种以上的主料和辅料适当搭配，使之成为完整的菜肴原料。配菜恰当与否，直接关系到菜的色、香、味、形和营养价值，也决定整桌菜肴是否协调。

1. 量的搭配

(1) 突出主料。配制多种主辅原料的菜肴时，应使主料在数量上占主导地位。例如，蒜苗炒肉丝、韭菜炒肉丝等应时当令的菜肴，主要是吃蒜苗和韭菜的鲜味，因此配制时就应使蒜苗和韭菜占主导地位，如果时令已过，此菜就应以肉丝为主。

(2) 平分秋色。配制无主、辅原料之分的菜肴时，各种原料在数量上应基本相当、互相衬托。例如熘三样、爆双脆、烩什锦等即属这类。

2. 质的搭配

(1) 同质相配。即菜肴的主辅料应软软相配（如鲜蘑豆腐）、脆脆相配（如油爆双脆）、韧韧相配（如海带牛肉丝）、嫩嫩相配（如芙蓉鸡片）等，这样搭配能使菜肴生熟一致、吃口一致，符合烹调要求，各具自己的特色。

(2) 荤素搭配。动物性原料配以植物性原料，如芹菜肉丝、豆腐烧鱼，滑馏里脊配以适当的瓜片和玉兰片等。这种荤素搭配是中国菜的传统做法，无论是从营养学还是食品学看，都有其科学道理。

3. 味的搭配

(1) 浓淡相配。以配料味之清淡衬托主料味之浓厚，例如三圆扒鸭（三圆即胡萝卜、青笋、土豆）等。

(2) 淡淡相配。此类菜以清淡取胜，例如烧双冬（冬菇、冬笋）、鲜蘑烧豆腐等。

(3) 异香相配。主料、辅料各具不同特殊香味，使鱼、肉的醇香与某些菜蔬的异样清香融和，便觉别有风味，例如芹黄炒鱼丝、芫爆里脊、青蒜炒肉片等。

(4) 一味独用。有些烹饪原料不宜多用杂料，味太浓重者，只宜独用，不可搭配，如鳗、鳖、蟹、鲥鱼等。此外，如北京烤鸭、广州烤乳猪等，都是一味独用的菜例。

4. 色的搭配

菜肴主辅料的色彩搭配要求协调、美观、大方，有层次感。色彩搭配的一般原则是配料衬托主料。

具体配色的方法有：

(1) 顺色菜。组成菜肴的主料与辅料色泽基本一致。此类多为白色，所用调料，也是盐、味精和浅色的料酒、白酱油等。这类保持原料本色的菜肴，色泽嫩白，给人以清爽之感，食之亦利口。如鱼翅、鱼骨、鱼肚等都适宜配顺色菜。

（2）异色菜。这种将不同颜色的主料与辅料搭配在一起的菜肴极为普遍。为了突出主料，使菜品色泽层次分明，应使主料与配料的颜色差异明显些，例如，以绿的青笋、黑的木耳配红的肉片炒，用碧色豌豆与玉色虾仁同烹等，色泽效果令人赏心悦目。

5. 形的搭配

这里所说的“形”，是指经刀工处理后的菜肴主辅料之形状，其搭配方法有两种。

（1）同形配。主辅料的形态、大小等规格保持一致，如炒三丁、土豆烧牛肉、黄瓜炒肉片等，分别是丁配丁、块配块、片配片，这样可使菜肴产生一种整齐的美感。

（2）异形配。主辅料的形状不同、大小不一，如荔枝鱿鱼卷，主料鱿鱼呈筒状蓑衣形，配料荔枝则为圆或半圆形。这类菜在形态上别具一种参差错落美。

四、调味

1. 基础调味品

（1）盐。食盐在调味上处于很重要的地位，有“盐为百味之主”的说法。食盐不仅起调味作用，而且也是血液循环系统和内分泌系统不可缺少的物质，有保持人体正常的渗透压和体内酸碱平衡的作用。

（2）酱油。酱油是一种成分复杂的呈咸味的调味品。在调味品中，酱油的应用仅次于食盐，其作用是提味调色。酱油在加热时，最显著的变化是糖分减少，酸度增加，颜色加深。常用的酱油有两种：天然发酵酱油和人工调制酱油。

（3）黄酒。黄酒又名料酒。含酒精浓度低，脂肪和氨基酸含量丰富，故香味浓郁，味道醇和，在烹调菜肴时常用以去腥、调味、增香。特别是烹调水产类原料时，更少不了黄酒。

（4）醋。醋在调味中的用途很广，在烹调某些菜肴时放些醋，能增加鲜味、解腻、去腥，并能在原料加热过程中，使维生素少受或不受破坏，促使食物中的钙质分解，同时还有促进食物消化的作用。

（5）糖。糖是一种高精纯碳水化合物，含有甜味，在调味品中占有重要地位。糖除能调和滋味、增进菜肴色泽的美观度外，还可以供给人体丰富的热量。

（6）味精。味精是增加菜肴鲜味的主要调味品，使用最为普遍。味精鲜度极高，但使用时的效果取决于它在溶液中的离解度，而它的离解度又同溶液的酸碱度和温度有关。在弱酸性和中性溶液中，味精离解度最大；溶液的温度在70～90℃时使用效果最好。菜肴起锅时大致上就是这个温度，所以味精在菜肴将起锅时投入最好。

（7）葱、姜、蒜。葱、姜、蒜都是含有辛辣芳香物质的调味品，不但可去腥、提香，还有开胃和促进消化的作用。

葱、蒜的香味只有在酶的作用下才能表现出来。因为酶受高温即被破坏，故急速加热，则香味不浓；如用温油作较长时间的加热，则香味更浓。

（8）胡椒。味辛辣而苦香，可以去腥、提香、增鲜，并有除寒气、消积食的作用。

2. 调味的原则

（1）因料调味。新鲜的鸡、鱼、虾和蔬菜等，其本身具有特殊鲜味，调味不应过量，以免掩盖天然的鲜美滋味。腥膻气味较重的原料，如不够新鲜的鱼、虾、牛羊肉及内脏类，调味时应酌量多加些去腥解腻的调味品，诸如料酒、醋、糖、葱、姜、蒜等，以便减恶味增鲜味。

（2）因菜调味。每种菜都有自己特定的口味，这种口味是通过不同的烹调方法最后确定的。因此，投放调味品的种类和数量时必须分清味的主次，才能恰到好处地使用主、辅调料。有的菜以酸甜为主，有的菜以鲜香为主，还有的菜上口甜收口咸，或上口咸收口甜等，这种一菜数味、变化多端的奥妙，皆在于调味技巧。

（3）因时调味。人们的口味往往随季节变化而有所差异，这也与机体代谢状况有关。例如在冬季，由于气候寒冷，因而喜用浓厚肥美的菜肴；炎热的夏季则嗜好清淡爽口的食物。

（4）因人调味。烹调时，在保持地方菜肴风味特点的前提下，还要注意就餐者的不同口味，做到因人制菜。所谓“食无定味，适口者珍”，就是因人制菜的恰当概括。

（5）调料优质。原料好而调料不佳或调料投放不当，都将影响菜肴风味。

3. 烹调过程中的调味

一般可分为三步完成：加热前的调味、加热中的调味、加热后的调味。

第一步，加热前的调味，又叫基础调味。目的是使原料在烹制之前就具有一个基本的口味，同时减除某些原料的腥膻气味。具体方法是将原料用调味品，如盐、酱油、料酒、糖等调拌均匀，浸渍一下，或者再加上鸡蛋、淀粉浆一浆，使原料初步入味，然后再进行加热烹调。鸡、鸭、鱼、肉类菜肴也都要做加热前的调味，青笋、黄瓜等配料，也常先用盐腌除水，确定其基本味。一些不能在加热中启盖和调味的蒸、炖制菜肴，更是要在上笼入锅前调好味，如蒸鸡、蒸肉、蒸鱼、炖（隔水）鸭、罐焖肉、坛子肉等，它们的调味方法一般是将兑好的汤汁或搅拌好的作料，同蒸制原料一起放入器皿中，以便于加热过程中入味。

第二步，加热中的调味，也叫做正式调味。菜肴的口味正是由这一步来定型，所以这是决定性调味阶段。当原料下锅以后，在适宜的时机按照菜肴的烹调要求和食者的口味，加入或咸或甜、或酸或辣、或香或鲜的调味品。有些旺火急成的菜，需事先把所需调味品放在碗中调好，以便烹调时及时加入，不误火候。

第三步，加热后的调味，又叫做辅助调味，可增加菜肴的特定滋味。有些菜肴，虽然在第一、二步中都进行了调味，但在色、香、味方面仍未达到应有的要求，因此需要在加热后最后定味，例如，涮羊肉要蘸调味小料，蒸菜有的要在上桌前另浇调味汁，烤鸭需配以甜面酱，炝拌的凉菜需浇以兑好的三合油、姜醋汁、芥末糊等，这些都是加热后的调味，对增加菜肴的特定风味必不可少。

五、火候与油温的掌握

1. 火候

火候是指菜肴烹调过程中所用的火力大小和时间长短。烹调时，一方面要从燃烧烈度鉴别火力的大小，另一方面要根据原料性质掌握成熟时间的长短。两者统一，才能使菜肴烹调达到标准。一般来说，火力大小要根据原料性质来确定，但也不是绝对的。有些菜根据烹调要求要使用两种或两种以上火力，如清炖牛肉就是先旺火、后小火，而氽鱼脯则是先小火、后中火，干烧鱼则是先旺火、再中火、后小火烧制。烹调中运用和掌握好火候要注意以下因素的关系。

(1) 火候与原料的关系。菜肴原料多种多样，有老、有嫩、有硬、有软，烹调中的火候运用要根据原料质地来确定。软、嫩、脆的原料多用旺火速成，老、硬、韧的原料多用小火长时间烹调。但如果在烹调前通过初步加工改变了原料的质地和特点，那么火候运用也要改变。如原料切细、过油、焯水等都能缩短烹调时间。原料数量也和火候有关，数量越少，火力相对就要减弱，时间就要缩短。原料形状与火候运用也有直接关系，一般来说，整个大块的原料在烹调中，由于受热面积小，需长时间才能成熟，所以火力不宜过旺。而碎小形状的原料因其受热面积大，急火速成即可成熟。

(2) 火候与传导方式的关系。在烹调中，火力传导方式是使烹调原料发生质变的决定因素。火力传导是以辐射、传导、对流三种传热方式进行的。按传热媒介又分无媒介传热和有媒介传热，如水、油、蒸汽、盐、砂粒传热等。这些不同的传热方式直接影响着烹调中火候的掌握。

(3) 火候与烹调技法的关系。烹调技法与火候运用密切相关。炒、爆、烹、炸等技法多用旺火速成。烧、炖、煮、焖等技法多用小火长时间烹调。但根据菜肴的要求，每种烹调技法在火候运用上也不是一成不变的。只有在烹调中综合各种因素，才能正确地运用好火候。一般家用燃气灶，只能出小、中、大火，达不到旺火的要求。要利用中、小火炒出旺火烹制的菜肴，首先锅内的油量要适当加大，其次是加热时间要稍长一点，一次投放的原料要少些，这样便可以达到较好的效果。

2. 油温

(1) 油温的识别（见表5—3）。油温是指食油下锅后加热达到的温度。用油传热在菜肴烹调中运用得最广泛，用油的温度一般在60～220℃之间，大致分为旺油（高温）、热油（中温）、温油（低温）。

(2) 油温的掌握

1) 旺火。原料下锅时油温应低一些。因为旺火可使油温迅速升高。如果原料在火力旺、油温高的情况下下锅，极易造成原料粘连、外焦里不熟的现象。

2) 中火。原料下锅时油温可偏高些。因为中火加热油温上升较慢，原料下锅后降低了油温，因此实际达不到所要求的温度，造成原料因糊浆脱落、水分流失过多而变老。

表 5—3　　油温识别表

油温类别	油温成数	识别方法	适用范围
旺油	七至八成	油温在 170～220℃之间，油面平静，冒青烟，搅动时有炸响声	适宜于火爆杂拌、干烧岩鲤、凤尾腰花等炝爆、重油炸、炒的菜肴，有脆皮、凝结原料表层、不易碎烂等作用
热油	五至六成	油温在 110～170℃之间，四周有少量青烟向锅中间翻动，油面泡沫消失，搅动时有微响声	适用于干煸牛肉丝、软炸虾糕等炸、炒、煎、干煸的菜肴，有酥皮增香、不易碎烂的作用
温油	三至四成	油温在 60～110℃之间，油面微动，有泡沫，无青烟，无响声	适宜于熘鸡丝、鸡火白菜、三鲜鸡糕等熘、滑和浸炸的菜肴，有保鲜嫩、除水分等作用

3）在操作中，如发现火力太旺、油温上升太快，应立即将锅端离锅灶，或在锅中加入冷油，或关小煤气，使油温控制在适宜的程度。

4）投料量多的，下锅时油温可高一些。因为原料本身是冷的，原料数量多，会使油温快速下降。故油温要高些，下料后正好降到所需温度，保证菜肴的质量。

5）投料量少的，下锅时油温可低一些。原料量少，油温降得慢、升得快，故下料时油温偏低些，下料后正好升到所需要的温度。

6）油温还应根据原料质地的老嫩和形状适当掌握。

在烹调时，以上这些因素不是孤立的，必须同时顾及、灵活掌握。

六、熬汤

1. 一般白汤（也称二汤）

这种汤的制法较为普遍和简单，就是将专供制汤用的猪蹄和拆卸猪肉所得的筋膜、碎皮等下脚料，加一定量的清水和葱节、姜块烧沸，撇去浮沫，再加绍酒，盖上盖继续加热 2～3 小时，待煮到骨髓溶于汤内，骨酥肉烂，用筛滤去残骨烂渣。汤色也呈乳白，但汤质浓度不如浓白汤，鲜味也较差。可作一般菜肴用汤。一般白汤浓度上并无严格要求，因此用料与加水的比例也比较机动。

2. 一般清汤（也称鸡清汤）

将鸡鸭的骨架或碎散破皮的整鸡鸭（只能作煮汤用）等用料，放入大汤桶中，加清水用中、小火慢慢煮沸，在水沸时，改用微火继续进行长时间加热，使鸡体、鸡骨肉的营养物质充分溶入汤中。在制汤过程中，一般当水沸时，还可将制作白斩鸡或需要初步热处理的鸡投入，在达到制品要求时随时捞出。关键是必须维持小火，否则汤汁就浑浊而不清澈。制一般清汤用料通常没有明确规定，如果用料少而制汤多，对汤的鲜味有影响。汤呈清中带黄，滋味鲜醇。

3. 煲汤要领

选料精湛：精心挑选、量材适用；
食品新鲜：必“肉吃鲜杀鱼吃跳”；
炊具选择：瓦罐为佳、铁锅次之；
火候适当：旺火烧沸、小火慢煨；
配水合理：冷水入锅、一次加足；
精细操作：掠去浮沫、加入生姜；
时间适宜：脂肪三刻、蛋白六刻；
食材搭配：色香味美、富有营养。

七、烹饪技法

1. 炒

把加工成丁、丝、条、片状的原料旺火热油颠翻，使原料成熟的一种烹调方法。
关键：
掌握火候，使成菜保持鲜嫩，减少营养损失；
掌勺动作要敏捷利落；

每炒一个菜后都要把锅洗干净。

(1) 煸炒。旺火速炒，烹制时间要短。适用于新鲜蔬菜和柔嫩的植物类原料。

特别注意：操作不当，则会出现汤汁过多，影响菜肴口味。

汤汁过多的原因：

原料本身水分多，洗涤时没有沥干水分、或者原料在水中浸泡时间过长；

温度偏低，加热时间过长；

调味时，加盐过早或添汤过多。

(2) 滑炒。先用蛋清、淀粉把原料上浆，经滑油后，再与配料翻炒勾芡出锅。

关键：

临烹调前上浆；

低油温滑油；水汆，沸水且多、上浆要薄；

回炒时要用旺火，且时间要短。

(3) 干炒/煸。炒干原料的水分，使原料干香、酥脆。

关键：

肉类原料必须是瘦肉，且煸炒时间较长；

先热锅，再放油；

火力先大后小，但始终保持中、小火。

(4) 清炒。与滑炒类似，只是没有配料。

(5) 生炒。小型原料，不经腌渍和上浆，用旺火短时间烹炒。

关键：

原料限于生料；

原料要加工成薄片、细丝或小丁状，且不腌渍/上浆；

旺火、热油。

(6) 软炒/水炒。用液体原料（蛋清、牛奶等）加辅料、调料等拌匀，用中、小火及少量油加热炒制凝结成菜。

关键：

冷油滑锅，即先用旺火将空锅烧热，下冷油润滑整个锅，重新下油软炒；

用中、小火。

（7）熟炒。将熟的原料炒制调味。

2. 炖

锅内的原料用小火长时间加热制成菜肴的一种烹调方法。

锅的选择：最好使用砂锅或陶瓷锅。

原料：肌纤维比较粗老的肉类、禽类原料。

原料的前处理：焯水，目的是排除血污和腥臊味。

注意事项：防止原料粘锅底，可以在原料下面放锅垫。

特点：汤水多、肉酥软，保持原汁原味。

（1）隔水炖。隔水加热炖。

关键：容器内的水一次加足（见图 5—2a），然后封口要严实，防止跑气（见图 5—2b）。

图 5—2　隔水炖

（2）不隔水炖。把原料放入陶制容器中，加入调料和水，直接放在火上炖制。

关键：

原料是整料或大块；

一次加足水，不要中途加水；

原料成熟后，再调味。

3. 煨

用微火慢慢地把原料煮熟的一种烹调方法。

关键：

原料的耐热性要好，经得起长时间的煨制。多选用较老、硬、韧的鸡、鸭肉等；

用整料或大块原料，多种原料要先后下锅。

4. 烧

原料经过炸、煎、炒、蒸、煮等初步加热后，再加汤和调料进一步加热制熟的一种烹调方法。

（1）红烧。调味需放酱油，勾芡为酱红色。

关键：上色不宜过重，放汤量要适中。

（2）白烧：不放酱油，保持菜品本色。

（3）酱烧：用酱来调味上色，带有酱香味。

（4）葱烧：用葱量大约是原料的 1/3，以咸鲜味为主，并带浓重的葱香味。

（5）糟烧：烧制过程中加入“醪糟”（米酒）。

5. 煎

用少量油润滑锅底后，再用中小火把原料两面煎黄使之成熟的一种烹调方法。

关键：

掌握火候，不能用旺火煎；

油要纯净，油少了要加油；

掌握好调味，分为煎制前调味、煎好后立即调味、食用时蘸调味料。

6. 蒸

把经过调味的原料用蒸汽加热使之成熟的一种烹调方法。

（1）不同的蒸法

1）旺火沸水速蒸。适用于质地比较嫩的原料以及需蒸酥的菜品，如清蒸鱼。
2）旺火沸水长时间蒸。适用于质地较老、形状大，又要求酥烂的菜品，如粉蒸肉。
3）中小火沸水慢蒸。适用于质地比较嫩，要求保持原料鲜嫩的菜品。
（2）清蒸。经初步加工的原料（含腌渍），加上调料适量的鲜汤，然后再蒸的方法。适宜清蒸的食物：新鲜而无异味的食物原料，如鲜活的鸡、肉、鱼等。
（3）干蒸。与清蒸相比较，就是不加汤水。
（4）粉蒸。原料先上调料，再粘上米粉，最后加汤汁的蒸制。

7. 煮

将食物直接投入热水或有调料的汤锅中，中小火长时间加热至熟的一种烹调方法。煮制的原料一定要新鲜优质。

8. 拌

把生料或熟料切成丝、条、片、块等形状，再加上调味料拌均匀的方法。
口味依个人习惯，一定要注意卫生和消毒。

第四节　月子餐食谱参考

一、汤类食谱参考

1. 花生大枣烧猪蹄

原料：猪蹄500克，花生米50克，大枣50克。
调料：酱油、葱、姜、白糖、盐、植物油各适量。
做法：

（1）将猪蹄去毛洗净，切成块，在开水锅中煮至五成熟，捞出用酱油浸泡，再捞出备用。

（2）炒锅上火，放油烧热，将猪蹄放入油锅中略炸至金黄色捞出。

（3）将花生米用温水泡开，大枣洗净。

（4）砂锅内放水，把炸好的猪蹄、花生米、大枣、酱油、葱、姜、白糖、盐，一起放在砂锅内，用旺火煮开，再用小火煮炖，待熟烂后即成。

特点及功效：此菜味香软烂，咸甜可口，富含营养，有食疗作用。猪蹄、花生、大枣补血益气，有通乳之效。

2. 核桃山药炖乳鸽

原料：核桃仁 30 克，山药 30 克，乳鸽 1 只。

调料：料酒、姜、葱、精盐、胡椒粉、味精各适量。

做法：

（1）将核桃仁用沸水去皮，山药切片浸泡。

（2）乳鸽去内脏及爪，洗净，姜拍松，葱切段。

（3）将乳鸽、姜、葱、核桃仁、山药片、料酒同入炖锅内，加水适量，武火烧沸，再改用文火炖煮 35 分钟，加入盐、味精、胡椒粉调味即可食用。

特点及功效：补脾胃，美容颜。用于产后体弱贫血、脾胃虚弱、健忘、肌肤不润等。

3. 淮山莲子煲乳鸽

原料：淮山 100 克，莲子 25 克，乳鸽 1 只。

调料：姜、葱、精盐各适量。

做法：

（1）将淮山、莲子冲洗干净。

（2）乳鸽除去内脏，洗净，放入姜、葱，在开水内煮 3 分钟，取出冲净。

（3）砂锅内加入乳鸽、姜片、淮山、莲子，中火煲 30 分钟，改文火再煲 1 小时，下精盐调味即可食用。

特点及功效：含有丰富的铁质及维生素 B，有助于生成红细胞，可预防妊娠及产后贫血症的发生。

4. 木瓜花生大枣汤

原料：木瓜 750 克，花生 150 克，大枣 5 粒，冰糖适量。

做法：

（1）木瓜去皮、去核、切块。

（2）将木瓜、花生、大枣和 8 碗水放入煲内，放入冰糖，待水滚后改用文火煲 2 小时即可饮用。

特点及功效：部分妇女产后因乳汁不足，在喂哺婴儿时会产生缺乳汁问题。产妇要增加乳汁，可煲木瓜花生大枣汤饮用，此汤水对增加乳汁有显著效果。

5. 三鲜汤

主料：水发海参 50 克，鸡脯肉 50 克，大虾 1 个。

辅料：冬笋 10 克，油菜心 108 克。

调料：味精 1 克，香油 4 克，酱油 10 克，精盐、鸡汤各适量。

做法：

（1）将冬笋切成小片，油菜心洗净，用沸水烫一下。海参、鸡脯肉片成小薄片。大虾去掉头、皮、沙线，切成薄片。

（2）锅中放鸡汤烧开，加入海参、鸡脯肉、虾片、冬笋片、油菜心，再加上精盐、酱油烧开，撇开浮沫，淋入香油，加上味精即可出锅。

特点及功效：三鲜味美，汤清爽口。含有丰富的优质蛋白质、多种矿物质及多种维生素，有滋补、催奶的作用。

6. 当归母鸡汤

原料：鲜杀三黄母鸡 1 只，当归 3 薄片。

调料：盐、料酒、葱、姜各适量。

做法：

(1) 将母鸡去内脏洗净，用刀把鸡头鸡脚切下。将当归放入鸡腹内，然后放入砂锅内。鸡头鸡脚和洗净的鸡心鸡肝放入锅内，也可放入鸡腹内。

(2) 放入盐、切碎的葱和姜，倒入料酒 2 小勺，开火稍煮 1 分钟。

(3) 在锅内倒入冷水至鸡全浸没，烧开后用小火慢炖 2 小时即可。

特点及功效：母鸡味道鲜美，且营养丰富，有补气血、助阳强身作用。当归有活血补血、消肿润肠作用，有利于产妇产后滋补、康复、伤口愈合。

注意盐不要放太多，否则不利于产妇下奶。

7. 乌鸡鲜藕汤

原料：鲜杀乌鸡 1 只，鲜藕 1 斤，香菇 2 朵。

调料：盐、料酒、葱、姜各适量。

做法：

(1) 将乌鸡去内脏洗净，用刀把鸡头鸡脚切下。鸡头、鸡脚和洗净的鸡心、鸡肝、香菇放入鸡腹内。

(2) 将鲜藕洗净后刮去表皮，切成长块（2 寸左右长）。

(3) 鸡、藕放入砂锅，放入盐、料酒 2 小勺、葱姜丝适量。

(4) 放水至浸没鸡身，烧开后用文火炖一个半小时即可。

特点及功效：乌鸡有补肝肾、益气强精功效，此菜有助于产妇生精养血、增力气、养颜强身，是产后滋补的一道好菜。

二、粥类食谱参考

1. 香菇芋头肉丝粥

主料：白米 2 杯。

辅料：干香菇 6 朵，瘦肉 100 克，芋头 50 克，芹菜 50 克。

调料：精盐、胡椒粉、花生油各适量。

做法：

（1）白米洗净，浸泡 30 分钟。香菇泡软，洗净，去蒂切丝。

（2）瘦肉洗净，切丝。芋头去皮洗净，切丁。

（3）芹菜去叶、洗净、切末。

（4）锅中放油烧热，炒香芋头丁，再加肉丝、香菇丝炒熟，加入白米及适量水，煮成粥后加入精盐、胡椒粉及芹菜末，烧开即可。

特点及功效：富含蛋白质、纤维素以及各种微量元素，用于产后开胃、补血补气，防治产后便秘。

2. 银耳肉末羹

主料：银耳 25 克，瘦肉 150 克。

辅料：冬菇 3 朵，鸡蛋 1 个。

调料：盐、生抽、糖、上汤、香菜、姜片各适量。

做法：

（1）银耳浸泡 1 小时，剪去根，再剪成小朵。

（2）瘦肉剁碎，鸡蛋打散。

（3）冬菇浸软去蒂、切末。

（4）锅烧热，下油爆姜片，加入上汤，下银耳、冬菇煮 10 分钟，放入瘦肉末、调味料，加入鸡蛋搅匀，盛入汤碗中即可。

特点及功效：开胃生津，滋润肌肤。用于产后进补。

3. 营养鸡丝粥

主料：大米 50 克，鸡胸肉 50 克。

辅料：胡萝卜、葱、高汤各适量。

调料：

A 料——酱油 1 大匙，淀粉 1 茶匙，水少许。

B料——盐1小匙，鸡粉半小匙，胡椒粉、芝麻油各少许。

做法：

(1) 大米淘净，浸泡约30分钟，加入高汤熬煮。鸡胸肉切丝。

(2) 用A料腌鸡丝10分钟。

(3) 胡萝卜切丝，葱切末。

(4) 起油锅，炒熟鸡丝、胡萝卜丝，加B料调味后，倒入粥内即可。食用时撒上葱末。

特点及功效：富含蛋白质和维生素，味美，易消化。用于产后补充营养和水分。

三、菜肴食谱参考

1. 温拌肉丝菠菜

主料：菠菜500克，猪肉100克。

辅料：香菜、胡萝卜适量。

调料：豆油、酱油、醋、蒜泥、精盐、味精各适量。

做法：

(1) 将菠菜洗干净，开水焯一下，捞出，用手轻轻擦攥除去水分，切成段，放在盘中。

(2) 将胡萝卜切成细丝，用开水焯一下，捞出，控去水分，放在菠菜段上。

(3) 将香菜切成末，放在菠菜段上。将猪肉切成细丝。

(4) 锅内放入豆油，油热后下肉丝快速煸炒，加入酱油，即刻出锅，倒入盘里。将醋、精盐、味精、蒜泥加入，调拌均匀即可。

特点及功效：清淡爽口，富含蛋白质、各种维生素和纤维素，可补充蛋白质，预防产后便秘。

2. 奶油双珍

主料：菜花400克，西蓝花400克。

辅料：玉米粒、胡萝卜、面粉、鲜奶各适量。

调料：精盐、胡椒粉各适量

做法：

（1）菜花、西蓝花洗净，切小朵，放入开水中煮1分钟，冲凉沥干。胡萝卜洗净切丁。

（2）锅烧热，下油一汤匙，放入菜花及西蓝花略翻炒，取出排于碟上。

（3）另起锅烧热，下油一汤匙半，加入面粉，以文火炒至色黄，慢慢加入鲜奶，拌至均匀。

（4）加入调味料、玉米粒、胡萝卜丁搅匀，淋在菜花上即成。

特点及功效：可补充维生素B、维生素C、铁质和钙质。

3. 青椒猪肝

主料：猪肝300克。

辅料：青椒、红椒各适量。

调料：色拉油、淀粉、酒、苏打粉、酱油、精盐、糖、胡椒粉、味精、花椒粉、水淀粉各适量。

做法：

（1）猪肝切薄片，入沸水中煮5分钟，捞出沥去水分。

（2）将猪肝片用上述各料拌匀，稍腌。

（3）青椒洗净，对剖去籽，切成大片，红椒切斜片（作配色用）。

（4）炒锅入油烧热，将青椒、红椒、猪肝一起倒入锅中炒3分钟左右，加入调味料炒几下，用水淀粉勾芡即可。

特点及功效：肝类营养丰富，含铁较多，青椒富含维生素C，同食可促进铁的吸收，是产后补血佳品。

4. 西芹鸡柳

主料：西芹300克，鸡胸肉300克。

辅料：胡萝卜片、姜片、蒜片各适量。

调料：酒、精盐、糖、生粉、生抽、芝麻油、胡椒粉、淀粉、花生油各适量。

做法：

(1) 鸡胸肉洗净切条，放入碗中，加入上述调味料拌匀，腌15分钟。

(2) 西芹去筋切条，以油、精盐略炒盛起。

(3) 锅烧热，下油1汤匙，爆香姜片、蒜片、胡萝卜片，加入鸡胸条、酒，放入西芹急炒，勾芡，淋入芝麻油即可。

特点及功效：含有丰富的维生素、纤维素、蛋白质。用于产后补充营养和防止便秘。

5. 鲫鱼炖豆腐

主料：鲫鱼1条，豆腐250克。

调料：油、葱、姜、清汤、料酒、精盐、味精各适量。

做法：

(1) 鲜鲫鱼去鳞、内脏、鳃，洗净。

(2) 豆腐切成方块。

(3) 锅置火上，加底油，下葱段、姜片爆出香味，放入鲫鱼，加料酒、清汤烧开，撇去浮沫，放入豆腐，旺火煮数分钟，转小火煨至肉烂，汤呈乳白色，加入适量精盐、味精即可。

特点及功效：含有丰富的蛋白质和维生素，能促进更多的乳汁分泌，并对产妇产后恢复有很好的补益作用。

6. 栗子炖鸡

原料：母鸡1只（3斤左右），栗子半斤。

调料：盐、料酒、葱、姜各适量。

做法：

(1) 将母鸡洗净、去内脏，放在砂锅内。

(2) 将栗子切开一小口，放水中煮5分钟后捞出晾凉，然后剥去壳，放入母鸡旁边。

(3) 先放入盐、料酒、葱花、姜片，开火煮1分钟，再放水至浸没全鸡。烧开后文火煮2个小时即可。

特点及功效：栗子有补肾强筋骨、活血止血等功效，母鸡有补养脾胃、气血的功效。此菜有助于产妇产后滋补强身、促进恶露排除及子宫恢复。

四、催乳食谱参考

1. 当归生姜羊肉汤

原料：羊肉500克，当归50克，生姜60克。

做法：

（1）将羊肉洗净、切块，用开水焯过，沥干水。

（2）当归、生姜分别用清水洗净，生姜切片。

（3）将生姜下锅略炒片刻，再倒入羊肉炒至血水干，铲起，与当归同放砂煲内，加开水适量，武火煮沸后，改用文火煲2～3小时，调味供用。

特点及功效：羊肉性温热，补气滋阴、暖中补虚、开胃健力，在《本草纲目》中被称为补元阳益血气的温热补品。

温中补血、调经散寒。用于妇女月经不调、血虚经少、血枯经闭、痛经、经期头痛、乳胀、子宫发育不良、胎动不安、习惯性流产、产后腹痛、头晕、面色苍白等症。

2. 丝瓜鲫鱼汤

原料：活鲫鱼1尾（500克左右），丝瓜200克。

调料：植物油与动物油各半（共50毫升），葱、姜、盐、黄酒各适量。

做法：

（1）将鲫鱼洗净、去鳞、腮、内脏，背上剖十字花刀，丝瓜洗净切片。

（2）油热后将鲫鱼两面略煎后，烹黄酒，加清水、姜、葱等，小火焖炖20分钟。

（3）将丝瓜投入鱼汤，旺火煮至汤呈乳白色后加盐，3分钟后即可起锅。

特点及功效：具益气健脾、清热解毒、通调乳汁之功能。

也可根据口味和习惯，将丝瓜换成豆芽或通草，同样可以起到催乳效果。

3. 芪肝汤

原料：猪肝 500 克、黄芪 60 克。

调料：黄酒、盐各适量。

做法：

（1）将猪肝洗净切片，用湿抹布将黄芪揉擦干净，加水适量同煮。

（2）烧沸后加黄酒、盐等调料，用小火煮 30 分钟。

特点及功效：益气养阴，适宜气血不足之少乳者。

4. 鲫鱼猪蹄通草汤

原料：活鲫鱼 1 尾，猪蹄 1 个，通草 3 克。

调料：姜、葱、盐、麻油各适量。

做法：

（1）将鲫鱼削鳞，去内脏，洗净。

（2）猪蹄洗净后切成两片，每片切成四块。

（3）将鲫鱼、猪蹄和通草加水 3 000 毫升，用旺火隔水炖至猪蹄熟透（1 个小时左右）。

（4）加姜、葱、盐、麻油。

特点及功效：吃猪蹄、鲫鱼，喝汤。滋阴、养血、通乳，适用于身体虚弱、乳汁缺少者。

5. 猪骨通草汤

原料：新鲜猪骨（腔骨、排骨、腿骨皆宜）500 克，通草 6 克。

做法：先洗净猪骨，放在锅里加上清水，与通草一同在锅里煮 1～2 个小时，直至熬成 1 小碗猪骨汤，再放入少许酱油。

特点及功效：1 次喝完，连续喝 3～5 天。猪骨具有补气、补血、生乳的作用，加上通草后催乳效果更强。

6. 猪蹄葱白煮豆腐

原料：猪蹄 1 个，葱白 2 节，豆腐 60 克，黄酒 30 毫升。

做法：将猪蹄洗净切开，与葱白、豆腐同放入砂锅内加水适量，文火煮 30 分钟，再倒入黄酒，加入少量食盐。

特点及功效：适用于乳房胀痛、肝郁气滞、乳汁不通者。

第六章 新生儿的喂养

新生儿具有营养需求高、胃容量小、消化能力弱、生长发育迅速的特点。新生儿的营养需求包括维持基础代谢和生长发育的能量消耗，新生儿的科学喂养对于新生儿的健康成长至关重要。按照母乳喂养的情况，可分为纯母乳喂养、部分母乳喂养、人工喂养（配方奶喂养），无论采用哪种喂养方式都要保证给予新生儿充足的营养。

第一节 纯母乳喂养

在生命的最初 6 个月应该纯母乳喂养，以促进婴儿的最佳生长发育和健康。纯母乳喂养是指除母乳外，无须给婴儿添加水、果汁等液体和固体食物。母乳在免疫和营养方面的价值已无可置疑，母乳中含有的促进生长的因子，能适应婴儿快速变化的特点，专为婴儿量身定制。母乳中营养成分的生物利用度很高，能够被婴儿的身体所吸收，是新生儿最好的营养品。母乳不仅仅是婴儿的食物，更是婴儿最好的药物。母乳中“食物/药物”的共同作用保护婴儿抵御生长过程中的各种疾病。因为母乳能够改变婴儿机体对抗疾病的能力，这种效果在断奶后仍然长期有效。母乳喂养对于母婴健康有着极其重要的意义。

一、母乳的营养

1. 母乳的营养成分

母乳对新生儿来说是最佳的营养来源，又是抵御感染的外源性免疫球蛋白的唯一来源。

产后第1周内，母乳含有免疫球蛋白（IgG、IgA、IgM）、干扰素和其他抗菌物质，可使新生儿胃肠道植入益生菌群。母乳含有的各种生长因子、细胞因子和胃激素促进了胃肠道保护屏障的发育。人类的乳汁是非常特殊的，具有生物特殊性，每个产妇的乳汁也是独一无二的。母乳是其他任何食品无法比拟的，营养丰富，含有100多种营养成分，有些营养成分是牛奶和其他奶类中所没有的，有的甚至是实验室也无法合成的。

特别是初乳，脂肪较少，蛋白质较多，含糖量较低，含大量免疫性成分，可增强婴儿的免疫力，并有缓泻作用。母乳的营养成分主要包括以下几个方面。

（1）蛋白质。母乳蛋白质含量较低，由酪蛋白和乳白蛋白组成，前者提供氨基酸。乳白蛋白约占总蛋白的2/3，主要成分有α—乳白蛋白、乳铁蛋白、溶菌酶、白蛋白，富含必需氨基酸，营养价值高，在胃内形成凝块小，有利于消化吸收。

（2）碳水化合物。母乳中含有较其他乳制品含量更多的婴儿生长发育所需要的乳糖。母乳中的乳糖含量较牛乳中乳糖含量高，是生后6个月内婴儿热能的主要来源。

（3）脂肪。母乳中含有促进新生儿大脑生长的脂肪，DHA和AHA都属于ω－3脂肪酸，对神经组织的生长发育至关重要。另外，母乳中还含有胆固醇，也能促进大脑的发育。脂肪以细颗粒的乳剂形态存在，其中较易吸收的油酸酯含量比牛乳多1倍，而挥发性短链脂酸比牛乳少70%，长链不饱和脂酸较多，易于消化吸收。母乳中还含有脂肪酶，能够促进脂肪消化吸收。

（4）维生素。正常营养的母乳中维生素A、维生素E、维生素C较高，而维生素B_1、维生素B_2、维生素B_6、维生素B_{12}、维生素K、叶酸含量较少，但能满足婴儿的生理需要。

（5）矿物质。母乳所含矿物中钙、磷比例适宜，钙的吸收良好，故母乳喂养的婴儿较少发生低钙血症。母乳中含的铁有50%能被婴儿所吸收，是各种食物中吸收最好的。因此母乳含铁量虽不多，却已能满足婴儿需要。母乳中的锌含量虽然比较低，但其生物利用率高，可促使锌的吸收。

2. 母乳的免疫成分

大量研究证明，母乳中含有多种抗细菌、病毒和真菌感染的物质，对预防婴儿感染有重要意义。母乳中含有抗感染的活性白细胞、免疫抗体和其他免疫因子，尤其是初乳含有大量免疫球蛋白。这些免疫物质就像抗生素一样，可以保护婴儿免受细菌感染，不易发生肺炎等疾病。

（1）母乳含有的体液免疫成分。母乳中含有 IgG、IgA 和 IgM，以初乳中含量最高。分泌型 IgA 是所有外分泌液中含量最高的。这些抗体分布在婴儿的咽部、鼻咽部和胃肠道局部黏膜表面，对于保护消化道、呼吸道免受感染有独特作用，可防止机体发生胃肠道疾病。

IgA 经新生儿摄入后，在胃肠道内不被胃酸及消化酶所破坏，大部分黏附于胃肠道黏膜，可阻止肠道病原体侵入肠黏膜和产生过敏反应还可防止病毒感染。故母乳喂养的新生儿患胃肠道感染者甚少。

IgG 是人体血清中的主要免疫球蛋白，能帮助完善免疫机能，减少感冒、腹泻、呼吸道感染等病症发生。

IgM 具有更强的凝聚作用，能激活抗原，可使多种病菌病毒凝聚，丧失感染机体的能力，具有抗菌、抗病毒的作用。

LF（乳铁蛋白）作为主要存在于母乳中的多功能活性蛋白质，在预防新生儿肠道感染中起重要作用。乳铁蛋白能以结合形态促进人体对铁的吸收和利用，既防止铁负荷过量，又可通过铁的释放来保障人体健康所需，乳铁蛋白在母乳中含量丰富，明显高于牛乳。

（2）母乳中的细胞成分和其他因子。母乳中含大量免疫活性细胞，包括巨噬细胞、中性粒细胞和淋巴细胞。具有吞噬和杀灭葡萄球菌、致病性大肠杆菌和酵母菌的能力，能合成补体 C_3、补体 C_4、溶菌酶和乳铁蛋白，在预防疾病方面有重要意义。

母乳中的其他因子有：

双歧因子在母乳中含量高而稳定，可促进肠道内乳酸杆菌生长，从而抑制大肠杆菌、痢疾杆菌的生长繁殖。

母乳中溶菌酶能水解细菌细胞膜上的黏多糖，溶解其细胞膜而杀伤细菌。

母乳中的补体经活化后具调理性的趋化性，可溶解破坏与特异性抗体结合的细菌。

胰岛素样生长因子能促进细胞增殖、分化和分泌作用，促进脂肪和糖元合成，帮助体细胞对葡萄糖和氨基酸的吸收以及运输，加快骨骼和肌肉组织生长。

转化生长因子对炎症创伤、组织修复、胚胎发育等方面具有重要的调节作用，保护心脏和脑部在供氧不足的情况下免遭伤害，提高神经细胞的活性，帮助促进大脑发育。

3. 母乳的分期与成分变化

母乳的高利用度还体现于母乳的成分能随着婴儿的成长而改变。母乳并不是一成不变的，它有正常的波动，同时也会因饮食而起变化。大多数产妇在哺乳期仍可照常饮食，适当少吃一些特殊食物和刺激性强的调味品，产妇吃了某些特殊的食物会使婴儿烦躁不安。母乳分为初乳、过渡乳、成熟乳。

（1）初乳。分娩后 7 天内分泌的乳汁为初乳。初乳是母乳中最宝贵的乳汁，是新生儿的“液体黄金”。初乳是哺乳动物子宫内营养向宫外营养的过渡。初乳含有新生儿必需的蛋白质，还有新生儿不可缺少的铁、铜、锌等微量元素，初乳的成分正适合早期新生儿的胃容量小、消化力弱、营养需求高的生理特点，是每个新生儿最需要、最宝贵、最理想的天然营养品。初乳具有营养和免疫的双重作用。初乳分泌量虽然少，但对正常婴儿来说是足够的。

初乳是透明、黄色或淡黄色的，外观稀薄，质黏稠，量少，但品质高，营养好。初乳不但营养丰富，而且抗病毒物质多。与以后的各期比较，其中脂肪量少，蛋白质量多（大部分是免疫球蛋白），尤其是富含 IgA（SIgA），它能保护婴儿免受细菌和病毒的感染，能保护婴儿健康成长。初乳中还含有大量的抗体和白细胞，它的抗体是成熟乳的 20～40 倍，能增加婴儿的抗病能力，是新生儿抵抗各种疾病的保护伞。初乳中脂肪及乳糖较成熟乳少，极易消化；矿物质含量较高，含有新生儿不可缺少的铁、铜、锌等微量元素，此外还含有帮助消化的酶和抗体，能抗病防感染，容易消化吸收。初乳有轻泻作用，可以促使胎便及早排出。对新生儿的营养和健康成长是十分有益的。

（2）过渡乳。从初乳向成熟乳变化，有一个过渡时期，大约 15 天。产后 7～14 日分泌的乳汁为过渡乳，相比较初乳，外观与成分都有所变化，是初乳向成熟乳的过渡。蛋白质含量逐渐减少，脂肪及乳糖含量逐渐增多。乳汁呈白色，乳汁分泌量增加，但乳汁的营养成分适合此时期新生儿的生长发育。

（3）成熟乳。在婴儿出生 2 周后，产妇的乳汁分泌量增加，而且外观与成分都有所变化。乳汁呈水样液体，这就是含有丰富营养物质以供宝宝生长所需的成熟乳。由于成熟乳看上去较初乳与牛奶稀，有些产妇则认为自己的乳汁太稀薄了，其实这种水样乳汁是正常的。

成熟乳脂肪含量增加到最高限度，蛋白质和矿物质含量减少，含有丰富营养物质，适合此时期新生儿的生长发育。

另外，乳汁的成分在每一次哺乳时也有变化，分为前奶和后奶。前奶含蛋白质多，后奶含脂肪多。

(1) 前奶。母乳喂养时，婴儿先吸出的乳汁叫做前乳。外观比较清淡、稀薄，带蓝色。水的含量比较大。另外，含有丰富的蛋白质、维生素和免疫球蛋白等。

(2) 后奶。前乳之后的乳汁叫做后乳。外观呈白色，比较浓稠，含有大量的脂肪和乳糖等，提供婴儿发育所必需的能量。

4. 母乳和代乳品的对比（见表 6—1）

表 6—1　　母乳和代乳品的对比

营养组成	母乳	代乳品	评价
脂肪	1. 富含大脑发育所需的 ω—3 脂肪，缩写为 DHA 或 AA 2. 可自动根据婴儿需要调节含量，随着婴儿年龄增大而下降 3. 富含胆固醇 4. 几乎可被完全吸收 5. 含有脂肪消化酶、脂肪酶	1. 没有 DHA 2. 不能根据婴儿需要而调节 3. 没有胆固醇 4. 不能完全吸收 5. 没有脂肪酶	1. 脂肪是母乳中最重要的营养物质，若没有胆固醇和 DHA 这些对身体发育及大脑发育有重要帮助作用的养分，会导致成年人心脏和中枢神经系统疾病 2. 会有难以吸收的脂肪留在代乳品喂养的婴儿粪便中
蛋白质	1. 软的，易于消化的乳清 2. 大多数可被人体完全吸收 3. 对肠道健康有益的乳铁传递蛋白 4. 溶菌酶，抗微生物物质 5. 富含对有身体和大脑发育有重要作用的蛋白质 6. 富含增长因子 7. 含有睡眠诱导蛋白	1. 难以消化的酪蛋白 2. 很少能被完全吸收，大多成为废物，对肾造成负担 3. 没有乳铁传递蛋白或含量极少 4. 无溶菌酶 5. 缺少或低含量对身体与大脑发育有重要作用的蛋白质 6. 缺乏增长因子 7. 不含睡眠诱导蛋白	婴儿对人体蛋白不过敏

续表

营养组成	母乳	代乳品	评价
碳水化合物	1. 富含乳糖 2. 富含可以改善肠道健康的低聚糖	1. 有些不含乳糖 2. 缺少低聚糖	乳糖是一种对大脑发育非常重要的碳水化合物，研究表明乳糖含量与该物种的脑容量有关
免疫辅助物	1. 含上百万个活性白血球细胞 2. 富含免疫球蛋白	1. 没有活的白血球细胞或其他细胞，只是一些对免疫无作用的食物 2. 几乎没有免疫球蛋白	母亲暴露在细菌环境时，她自身会产生细菌抗体并通过母乳将这些抗体给婴儿
维生素和矿物质	1. 易吸收，尤其是铁、锌、钙等 2. 50%～75%的铁被吸收 3. 含有更多的硒（抗氧化物）	1. 不易吸收 2. 5%～10%的铁被吸收 3. 只有少量的硒	维生素和矿物质在母乳中有很高的生物可利用性，大多数可以被吸收，代乳品中增加更多的补偿物，却难以消化
味道	随着产妇的饮食会有所变化	不变	通过产妇的食物的变化母乳，使婴儿适应家庭中的食物味道

注：代乳品是将牛奶中最好的部分已经提取出来做了黄油、奶酪，剩下的是乳清粉，然后再往里加50多种人工合成的营养素。

知识窗

配方奶喂养的风险（见表6—2）

表6—2　配方奶喂养的风险

配方奶喂养对婴儿的风险	配方奶喂养对产妇的风险
1. 增加患哮喘的风险 2. 增加过敏的风险 3. 延缓认知的风险 4. 增加患急性呼吸系统疾病的风险 5. 增加牙齿错位咬合的风险 6. 增加因使用受污染的配方奶而感染的风险	1. 增加患乳腺癌的风险 2. 增加超重的风险 3. 增加患卵巢癌和子宫内膜癌的风险 4. 增加患骨质疏松症的风险 5. 减少后代自然间隔 6. 增加患风湿性关节炎的风险

续表

配方奶喂养对婴儿的风险	配方奶喂养对产妇的风险
7. 增加营养缺乏的风险 8. 增加患儿童癌症的风险 9. 增加患慢性疾病的风险 10. 增加患糖尿病的风险 11. 增加患心血管疾病的风险 12. 增加肥胖的风险 13. 增加胃肠感染的风险 14. 增加死亡的危险 15. 增加患中耳炎和耳朵感染的风险	7. 增加紧张和忧虑的风险 8. 增加患母性糖尿病的风险

二、母乳喂养的好处

母乳喂养是人类有史以来最传统的哺育方法，在我国有着几千年的优良传统。母乳喂养是婴儿出生伊始就享有的权利，有利于婴儿和母亲的健康，有利于家庭与社会的和谐，有利于人口素质的改善。

1. 母乳喂养对婴儿的好处

母乳是婴儿最理想的食物，它不仅含有婴儿生长发育所必需的全部营养成分，而且其成分及比例还会随着婴儿月龄的增长而有所变化，即与婴儿的成长同步变化，以适应婴儿不同时期的需要。母乳的营养价值对婴儿来说是任何其他食品所无法代替的。母乳是6个月内婴儿最理想的食物。母乳中不仅含有婴儿生长发育所需的全部营养，还含有丰富的免疫物质。既能促进婴儿正常生长发育和身心健康发展，也有利于预防成年后慢性病的发生。6个月之前，母乳完全能提供各种各样的营养素，6个月之后可以继续母乳喂养到两岁至两岁以上，在此期间，母乳仍然可以提供一半以上的营养。

（1）营养丰富，适合婴儿的需要。母乳含蛋白质、脂肪、糖的比例合适。母乳蛋白以乳清蛋白为主，酪蛋白少，在胃中形成的凝块小，容易消化吸收。母乳中不饱和脂肪酸含量较多，脂肪颗粒小，又有较多脂解酶，有利于消化吸收。母乳的成分适合婴儿的消化能力和生长发育的需要，乳量随婴儿生长而增加。母乳温度和泌乳速度适宜，不需加热，不易污染，直接哺喂，经济方便，可避免喂养工具（如奶瓶、橡皮奶嘴等）带来的感染。

（2）母乳喂养的婴儿更聪明。婴儿期大脑的发育速度很快，婴儿得到的养分越多，大脑的发育就越好。母乳是大脑发育的最佳食品，母乳喂养为婴儿的大脑发育提供了良好的基础，并对智商的发展产生有利的影响。母乳含有较多优质蛋白、必需氨基酸、磷脂、不饱和脂肪酸及乳糖，都有利于婴儿大脑的迅速发育。初乳中牛磺酸含量甚高，它对脑中枢神经系统的功能、智力发育、保障视力等有重要意义。而且，母乳喂养可增进母子之间的亲子关系、相互交流，可以增加婴儿的安全感，提高婴儿的情商水平。

（3）母乳喂养的婴儿不易发胖。母乳喂养的方式使新生儿自己决定吃奶的量，不会把胃口撑大，有利于建立良好的新陈代谢平衡。有调查表明，到青春期时，那些出生后用婴儿配方食品喂养的婴儿与用母乳喂养半年以上的婴儿相比，前者体重过胖的比例比后者高。虽然后天的家庭饮食习惯可以造成婴儿发育过程中较大的差异，但科学家们认定，母乳喂养的婴儿长大后不易发胖。

（4）母乳喂养的婴儿身体健康。母乳富含抗感染物质，对婴儿起保护作用，母乳喂养还有利于人一生的健康，母乳喂养的儿童在其成年之后血压和胆固醇都比较低，他们出现超重、肥胖、Ⅱ型糖尿病的比例也比较低。母乳有益健康的奥秘在于初乳。初乳能使新生儿建立良好的新陈代谢平衡，防止因感染引发炎症，降低与炎症反应有关疾病的发病风险。

母乳喂养的婴儿长大后患动脉硬化的少，心血管疾病的发生率大大降低；母乳喂养可以预防婴儿过敏；母乳喂养可预防白血病；母乳喂养的婴儿成年后患心脏病的少；母乳喂养能减少感染呼吸道疾病。

2. 母乳喂养对产妇的好处

对于母乳喂养给新生儿带来的好处众所周知，同时母乳喂养也带给产妇巨大的好处。哺喂母乳是母子之间的共同付出、相互馈赠。产妇赠送给婴儿乳汁、营养和爱；而婴儿的吸吮反过来刺激产妇乳头的神经，将信息传送到脑下垂体，促进泌乳素的分泌。泌乳素被称为母爱荷尔蒙，是激发母性本能的激素之一。

（1）哺乳有助于产妇康复。哺乳有助于子宫复原，分娩后几分钟之内让新生儿吸吮乳头能减少产后出血，促进子宫复旧。哺乳产妇的子宫复原比不哺乳的更加迅速。哺乳有助于体形恢复，哺乳消耗产妇体内额外的能量，哺乳产妇的新陈代谢会改变，不用节食就能达到减肥目的。哺乳不会改变乳房的形状。

哺乳期产妇体内的蛋白质、铁和其他所需营养物质，能通过产后闭经得以储存，有利于产后的康复，亦有利于延长生育间隔。

（2）哺乳能保护产妇免受疾病的侵扰。多种研究表明，哪怕仅仅哺乳几个月，患乳腺癌的概率会大大少于从未哺乳的妇女。

（3）哺乳有利于避孕。母乳喂养能抑制排卵，产生哺乳期闭经，延长生育间隔，起到避孕作用。

（4）哺乳令产妇身体放松、心情愉快。母乳中含有一种天然的能够促进睡眠的蛋白质，能让婴儿安然入睡，而婴儿的吸吮动作也会使产妇体内分泌有助于放松的激素，帮助产妇远离抑郁的情绪。

（5）哺乳可以帮助女人做一位好母亲。母乳喂养不仅是一种喂养手段，更是一种育儿方式。母乳喂养是母亲理解和满足婴儿需求的最自然、最有效的途径。哺乳是练习当一个好母亲的最好工具。首先，哺乳产妇在生理上迥异于不哺乳产妇。哺乳产妇体内旺盛的荷尔蒙——泌乳素和缩宫素，激发她们产生更加强烈的母性。其次，哺乳时母子身体之间的亲密接触与交流，使得母亲和婴儿在身心两方面感到合二为一，在婴儿的需求得到满足的同时，母亲对于爱抚和关怀的需求也得到了满足。

尽管母乳喂养看上去是母亲付出巨大的精力与时间，其实这些付出在哺乳的当时，在宝宝成长过程中，甚至在久远的未来，母亲都会得到难以估量的回报。

3. 母乳喂养对家庭的好处

（1）既满足婴儿又方便产妇。喂母乳既能省却准备奶粉的麻烦，也能够免除婴儿的哭声而引起产妇的内疚与焦虑。特别是在夜间，喂母乳能够让全家人都睡得更安稳。尤其方便的是在旅行途中，不必担心开水供应、奶瓶消毒、喂奶用具的清洁等问题。

（2）增进家庭成员之间的感情。母乳喂养能够增强家庭成员之间的感情，有利于稳定家庭关系。通过沟通使家庭成员对母乳喂养增加感性认识和理性认识，使家庭成员在母乳喂养当中明确分工，产妇的职责是哺乳，其他成员的职责是照顾产妇。

4. 母乳喂养对社会的好处

（1）母乳喂养经济实惠，减少资源浪费。母乳喂养节省了代乳品、儿童保健品等方面的各种不必要的消费，也节约了奶瓶、消毒用具等方面的附加费用。

（2）母乳喂养安全、卫生、利于环保与低碳。母乳喂养对人类回归大自然和恢复整个自然界生态平衡具有非常深远的社会意义。

（3）母乳喂养能够促进人口素质的提高。母乳喂养降低了婴儿的发病率和死亡率，提高了妇幼保健水平。母乳喂养增强了婴幼儿的体质，并且有利于儿童心理素质的成长，从而促进了社会人口素质的提高。

三、母乳喂养成功的措施

母乳喂养成功的要点：

（1）母婴早接触、早吸吮和早开奶。

早接触：新生儿娩出后 30 分钟内，母婴情况允许的前提下，将婴儿立即放于产妇胸腹部，使母婴皮肤完全接触，并应尽早吸吮乳头。皮肤接触时，新生儿与产妇应有目光交流，让产妇与婴儿裸体接触 30 分钟以上。因为在产妇分娩后 1～2 小时内，母婴之间的感情交流和联系最为强烈。

早吸吮：吸吮反射是人类的本能，吸吮反射在出生后 10～30 分钟最强，以后逐渐减弱，24 小时后才能恢复。如果错过了这个时间，不利于婴儿吸吮反射的巩固。新生儿出生后 30 分钟内，开始吸吮双侧乳头，剖宫产的婴儿在出生后 1 小时内进行吸吮。早期频繁吸吮建立催乳反射和排乳反射，有助于乳汁分泌。新生儿早吸吮产妇的乳头，感觉刺激从乳头传到大脑，其分泌的催乳素经血液到达乳房，使乳腺细胞分泌乳汁。产后 30 分钟内的及早吸吮有利于母乳喂养成功。

早开奶：在母婴第一次接触时，让新生儿有效吸吮产妇的乳头。婴儿的有效吸吮使产妇脑垂体释放催产素，可增强子宫收缩，减少产后出血，减少奶胀的发生。早开奶可使婴儿得到营养价值很高的初乳，并刺激乳汁加快产生和分泌。

只有早接触、早吸吮和早开奶，才能有效地保障母乳喂养的成功。

（2）实行母婴同室。在分娩后，如果产妇与婴儿都没有什么问题，应让婴儿一直待在产妇的身旁，这样有利于母乳喂养。分娩后 2 周是建立母乳喂养的关键时期。

（3）按需哺乳。所谓按需哺乳，就是不规定哺乳的时间和次数，按照婴儿和产妇两方面的需求进行哺乳。

新生儿在初生的 1 个月内，会条件反射性地寻找乳头，或把自己的小拳头放入口中吸吮，这就表明婴儿想吃奶，而哭泣是由于饥饿而发出的最晚的一个信号。在婴儿表现出最初的饥饿状态时，如寻找乳头、吧唧嘴、吃手等，产妇应该主动进行哺乳。对新生儿来说，最初一周内要适应出生后的生活，非常需要一种安慰，而吸吮乳头则是他们所渴求的最好安慰之一。婴儿的不断吸吮，才使产妇泌乳功能不断完善，乳汁大量分泌。这既满足了婴儿生理上的需要，也满足了心理上的需要。

产妇感觉乳房胀满或婴儿睡眠时间超过 3 小时，就要把婴儿叫醒予以哺乳。产后一周是逐步完善泌乳生理功能的关键时刻。泌乳要靠频繁吸吮来维持，因为乳汁是随着婴儿的吸吮刺激进行分泌的，吸吮越勤、分泌才能越多。

新生儿每天哺乳次数为 8～12 次，白天和晚上都要进行哺乳。

晚上哺乳产生的催乳素是白天的 10 倍。

（4）不要给 6 个月以内的婴儿喂母乳以外的食品。母乳完全能够满足 6 个月以内婴儿的需要，母乳喂养的婴儿，在一般情况下不要喂水、果汁等饮料，也不要添加配方奶。如果有医疗指征，根据需要给予加奶。不能让婴儿吸吮橡皮奶嘴和使用奶瓶，橡皮奶嘴柔软、眼大，比起吸产妇的乳头来省劲，婴儿会形成乳头错觉或错认乳头，使其降低了吸吮产妇乳头的兴趣，甚至会影响产妇的乳汁分泌，导致母乳喂养的失败。

知识窗

乳头错觉与纠正方法

乳头错觉是指婴儿刚出生时，由于过早使用橡皮奶嘴而不肯吃母乳的现象。纠正方法：

1. 与婴儿亲密接触。
2. 用勺或杯子喂奶。
3. 练习乳头吸吮。
4. 迎合婴儿含接乳头。
5. 按需喂哺。
6. 用杯子或勺子喂后继续喂哺母乳。
7. 避免使用橡皮奶嘴。

四、母乳喂养的技巧

母乳喂养是母亲的天职，但是，并不是所有的产妇都能运用自如。每一位初为母亲的人都需要一个哺乳技巧的学习和实践过程，母婴护理师在指导产妇哺乳过程中要有耐心。

母乳喂养技巧主要包括以下内容：

1. 哺乳前准备

待哺乳的婴儿应先更换干净的尿布。哺乳前让婴儿用鼻推压或舔产妇的乳房，哺乳时婴儿的气味、身体的接触都可刺激产妇的射乳反射。每次哺乳前，产妇应洗净双手。

2. 哺乳姿势

（1）产妇哺乳体位。产妇完全放松，以舒服的姿势坐着或躺着。哺乳时可以多运用抱枕或被子来支撑自己，以避免疲劳和肌肉紧张。产妇坐在靠背椅上，背部紧靠椅背，可单脚或双脚踩在小凳上。哺乳侧怀抱婴儿的胳膊下垫一个专业哺乳枕或靠垫。产妇躺位时，应用靠垫支撑后背，有利于产妇哺乳方便且舒适。

（2）抱婴儿的要点

1）婴儿贴近产妇，脸面对产妇的乳房，鼻子正对着乳头。

2）婴儿的头、脖子与身体成一条直线。

3）如果是新生儿，产妇应托着新生儿的头、肩膀及臀部。

4）婴儿的身体与产妇的身体应该三贴，即胸贴胸、腹贴腹、下颌贴乳房。

（3）托乳房的姿势。产妇手掌微握，拇指张开，食指和其他手指合拢并排贴在乳房下的胸壁上，食指托乳房的根部，而拇指轻轻地放在乳房的上方，使乳房成圆锥样向前挺，此时应注意产妇的手不应离乳头太近，以免妨碍婴儿的含接。婴儿含接成功吸吮后手就不用托住乳房了。如果乳汁多，要控制乳汁的流速，可用剪刀式姿势阻碍部分乳管的流速，但要注意随时改变手指的位置。

（4）喂奶姿势。喂奶姿势一般有四种，搂抱式、交叉搂抱式、橄榄球抱式、卧式。无论用何种姿势，都应该让婴儿的头和身体成一条直线，婴儿身体贴近产妇，婴儿的头和颈得到支撑。

1）搂抱式。这是一种轻松且常用的传统的哺乳姿势。产妇采取舒适的坐位，婴儿的头部依靠在产妇右侧上肢屈曲的肘窝内，右手掌搂住婴儿的腰臀或大腿上部。婴儿左侧肢体夹在产妇臂下大约平腰部，婴儿腹部与产妇的腹部相贴。产妇的左手扶托右侧乳房（见图6—1）。

2）交叉搂抱式。产妇采取舒适的坐位，婴儿头下垫上东西，产妇右手从下面握住婴儿的头枕部，手腕放在婴儿两肩胛之间，拇指和其余四指张开分别贴放在婴儿头部两侧的耳后（见图6—2）。

有助于婴儿含住乳头，适合于吮吸困难的婴儿和出生低体重的婴儿。当婴儿顺利喝上母乳后，就可以转换成其他常用姿势。

3）橄榄球抱式。产妇采取舒适的坐位，用枕头适当垫高婴儿达到与乳头水平，右手臂支撑婴儿的头部和身体，右手掌托于婴儿头枕部，有助于产妇控制婴儿的头部，婴儿上身呈

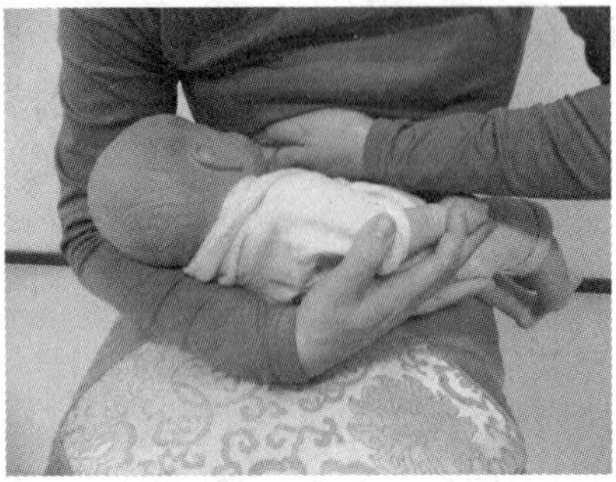

图 6—1 搂抱式

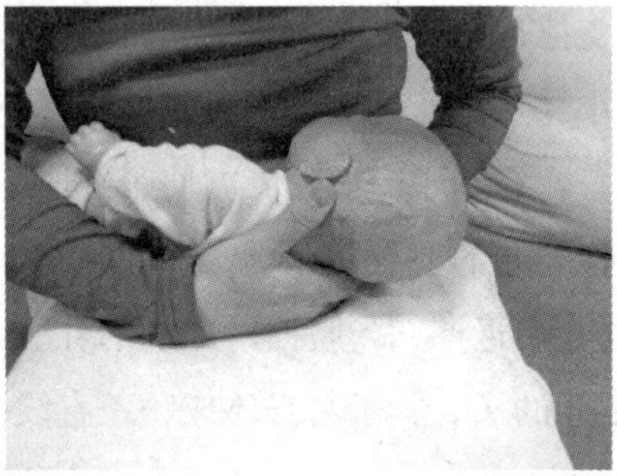

图 6—2 交叉搂抱式

半坐卧位姿势正对产妇胸前，婴儿双腿向后夹于右侧腋下（见图 6—3）。

适合于不能正确吮吸的婴儿、体弱的婴儿，或产妇乳头疼痛、剖宫产等。

4）卧式喂奶。产妇身体侧卧，头下垫枕头。婴儿侧身与产妇正面相对，母婴腹部相贴，婴儿小嘴与产妇乳头处在同一平面（见图 6—4）。

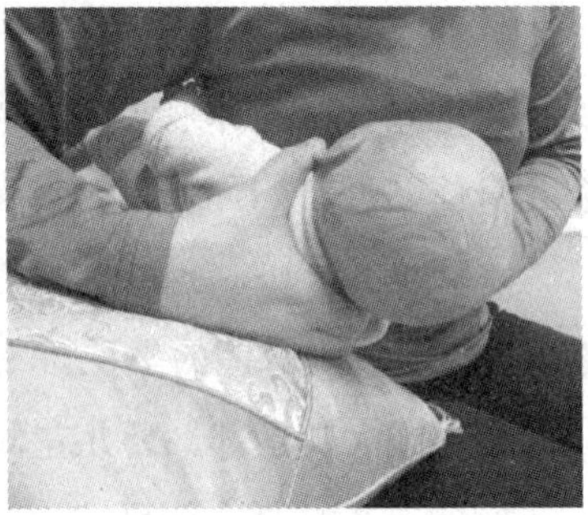

图 6—3 橄榄球抱式

图 6—4 卧式喂奶

该姿势是夜晚或者需要休息时哺乳的最佳选择。

（5）婴儿含接及离乳姿势。为使婴儿的口与产妇的乳头及乳晕处于正确的含接姿势，如图 6—5 所示，首先产妇托起乳房，用乳头轻轻碰触婴儿的口唇周围皮肤，刺激婴儿的觅食反射，等婴儿张大嘴巴之际将乳头及大部分乳晕从上往下送入婴儿口中，很快地抱婴儿靠近乳房（并非移动产妇的身体），让婴儿同时含住乳晕与乳头，而不是只含住乳头。待婴儿的嘴唇似鱼唇外翻，舌头呈勺状环绕乳头，婴儿的下颏贴在乳房上，其鼻子自然离开乳房。婴儿吸吮时，颜面两颊鼓起呈球形。婴儿慢而深地吸吮，能听到吞咽声，表明含接乳房姿势正

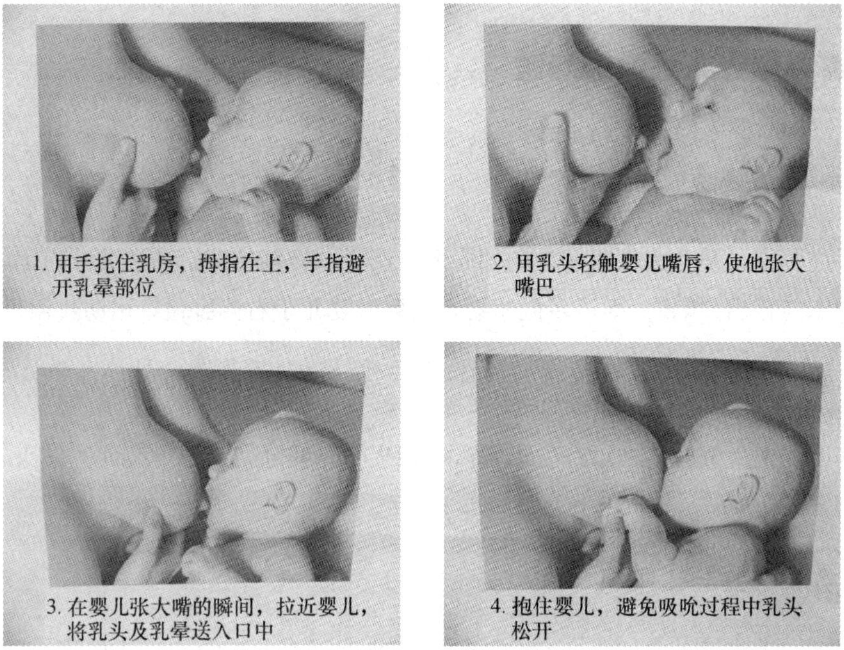

图 6—5　正确含接姿势

确，吸吮有效。

离乳方法：轻压婴儿的下颌，使婴儿的嘴巴张大，温柔地终止哺乳。

（6）哺乳指导

1）两侧乳房应按先后顺序交替进行哺乳，婴儿吸吮产生的射乳反射可使婴儿短时间内获得大量乳汁。每次哺乳时应让婴儿吸空一侧乳房后，再吸另一侧，下次哺乳则从未吸空的一侧乳房开始，以保证双侧乳腺排空，利于刺激乳汁分泌。

2）不要让新生儿口含乳头睡觉，退出乳头时用手轻按新生儿的下颌即可。

3）每次哺乳后可挤出一滴乳汁涂在乳头周围，让乳房在空气中暴露并晾干，以使乳头保持干爽。

五、母乳喂养应注意的问题

1. 哺乳后拍“嗝”

哺乳后应竖抱，婴儿头部紧靠在产妇肩上，用手掌轻轻拍背，使婴儿吐出因吃奶而吸入的空气，如未能排出“嗝”，则可多抱一会，然后置婴儿于右侧卧位，以防止溢乳。

2. 不要在生气时哺乳

研究表明，人生气时体内可产生毒素，产妇生气时哺乳，将影响婴儿的健康，不良的情绪会影响到婴儿。

3. 运动后不要马上哺乳

研究表明，人在运动中体内会产生乳酸，乳酸潴留于血液中使乳汁变味，婴儿不爱吃。据测试，一般中等强度以上的运动即可产生乳酸，所以，肩负哺乳重任的产妇，只宜从事一些温和运动，如果是比较剧烈的运动，一定要等运动结束后先休息一会儿再哺乳。

4. 哺乳期不要减肥

大多数女士由于产后肥胖，不少人在哺乳期就急着减肥，而限制脂肪摄入。脂肪是乳汁中的重要成分，一旦来自食物的脂肪减少，母体就会动用储存脂肪来产奶，而储存脂肪多含有对婴儿健康不利的物质。为了婴儿的安全起见，哺乳期的产妇不要减肥。

5. 不要穿工作服哺乳

不论是从事什么工作的产妇，都不应该穿着工作服哺乳。因为工作服上往往沾有很多肉眼看不见的病毒、细菌和其他有害物质。穿着工作服哺乳，这些有害物质就会传染给婴儿，危害婴儿的健康。所以，产妇应先脱下工作服、洗净双手，然后再开始给婴儿哺乳。

6. 不要着浓妆喂奶

母亲身体的气味对婴儿有着特殊的吸引力，并可激发出婴儿愉悦的吸吮情绪。即使是刚出生的新生儿，也能将头转向母亲气味的方向去寻找乳头。换言之，母亲体味有助于婴儿吸吮乳头。

哺乳期产妇化妆，化妆品气味掩盖了熟悉的母体气味，可使婴儿难以适应，导致情绪低落，造成食量下降，影响生长发育。另外，化妆品都含有铅，而铅是神经性毒素，对婴儿会造成很大的损害。

第二节　部分母乳喂养

部分母乳喂养是指因各种原因，虽然能保持母乳喂养，但是不能完全以母乳满足婴儿的全部液体、能量和营养需要，同时或交替部分采用母乳代用品喂养婴儿的喂养方式，即使用母乳与其他乳类同时喂养婴儿，也称混合喂养。一般用于 6 月龄后无法坚持母乳喂养的情况，可逐渐减少母乳喂养次数，用配方奶代替母乳。部分母乳喂养比单纯人工喂养好，更有利于婴儿的健康成长。这样可维持母乳分泌，使婴儿尽可能吃到更多的母乳。

一、混合喂养的基本知识

1. 母乳不足的判断

正常产妇产后 6 个月内每天泌乳量随婴儿月龄增长逐渐增加，成熟乳量平均可达每日 700～1 000 毫升。婴儿母乳摄入不足可出现下列表现：

（1）体重增长不足，生长曲线平缓甚至下降，尤其新生儿期体重增长每月低于 600 克。

（2）尿量每天少于 6 次。

（3）吸吮时不能闻及吞咽声。

（4）每次哺乳后常哭闹不能安静入睡，或睡眠时间小于 1 小时（新生儿除外）。

若确因乳量不足影响婴儿生长，应劝告产妇不要轻易放弃母乳喂养，可在每次哺乳后用配方奶补充。每次补充其他奶类的量，则应根据母乳缺少的程度来定。一般应让婴儿自由地吃饱为止。

2. 混合喂养的方法

混合喂养是用母乳与配方奶或其他乳类同时喂养婴儿，其中母乳与配方奶同时喂养的方法有下列两种。

（1）补授法。6 月龄内婴儿母乳不足时，仍应维持必要的吸吮次数，以刺激母乳分泌。每次哺喂时，先喂母乳，后用配方奶补充母乳不足。补授的乳量根据婴儿食欲及母乳分泌量而定，即“缺多少补多少”。母乳吃完后，再吃其他的代乳品，尽管奶量不足，也比其他的奶类或代乳品营养价值高。其他代乳品只能是母乳的补充。

（2）代授法。一般用于 6 月龄以后无法坚持母乳喂养的情况，可逐渐减少母乳喂养的次数，用配方奶替代母乳。

部分母乳喂养虽然不如纯母乳喂养好，但在一定程度上能保证母亲的乳房按时受到婴儿吸吮的刺激，从而维持乳汁的正常分泌，婴儿每天能吃到母乳，对婴儿的健康仍然有很多好处。部分母乳喂养可在每次母乳喂养后补充母乳的不足部分，但应注意母亲不要因母乳不足而放弃母乳喂养，至少坚持母乳喂养婴儿 6 个月。随着生长发育，6 月龄后婴儿消化能力逐渐提高，单纯乳类喂养不能完全满足 6 月龄后婴儿生长发育的需求，婴儿需要由纯乳类的液体食物向固体食物逐渐转换。

二、混合喂养的注意事项

（1）混合喂养添加配方奶的原则是先从少量开始，如一次 30 毫升，然后观察婴儿的反应。如果婴儿吃后不入睡或不到 1 小时就醒，张口找乳头甚至哭闹，说明他还没吃饱，可以再适当加量，以此类推，直至婴儿吃奶后能安静或持续睡眠 1 小时以上。

（2）混合喂养也要按照人工喂养的方法对奶具进行清洁、消毒。由于奶类和其他代乳品易繁殖细菌，食物容易变质，从而引起腹泻。所以首先要做好奶具消毒和其他乳品的保存，平时要把消毒的奶具保存好。

(3) 哺乳后应竖抱婴儿，轻拍背部，然后取侧卧位，以防溢乳和呕吐引起窒息。

(4) 母乳中含有充足的水分，按说明书配制的配方乳中的水分也能满足婴儿的需要，所以一般情况下混合喂养的婴儿不用再补水。如果在炎热季节里，环境温度高，婴儿有口渴的表现，体温升高，可在两顿奶间喂一些水，每日 2～3 次即可。

(5) 混合喂养需要充分利用母乳，尽量多喂母乳。母乳是越吸越多的，如果母亲认为母乳不足，就减少哺乳的次数，会使母乳越来越少。

(6) 避免过度喂养，配方奶的量不要过大。不要把新生儿的胃口撑大。过度喂养会造成新生儿没有饥饿感、不愿意吸吮母乳而导致母乳分泌进一步减少，可能导致母乳喂养失败。

第三节 人工喂养

一、人工喂养的适用情况

人工喂养也称配方奶喂养，是指由于各种原因在客观上限制了母乳喂养，采用其他乳品或代乳品喂哺婴儿的一种方法。

母乳是婴儿最好、最适宜的天然营养食物，但有下列情况时不适宜给婴儿喂母乳：

(1) 母亲患有传染病，如急性肝炎、艾滋病、活动期肺结核、乳房上有疱疹，或吸毒等，疾病有通过乳汁或密切接触传染给婴儿的危险。

(2) 母亲患有严重疾病，如严重心脏病、严重肾功能不全等，虽不会传染，但劳累可使母亲原有病情加重。

(3) 母亲正接受化疗或放射治疗的情况下，不宜母乳喂养。

(4) 母亲患其他传染性疾病，如上呼吸道感染、高热、急性肠炎等，可暂停哺乳，用吸奶器将乳汁吸出。

（5）母亲因患病服用药物时，应咨询医生，根据情况决定是否可以哺乳。

二、代乳品的选择及冲调

如果由于某些原因，产妇不能进行母乳喂养，可以选择配方奶。配方奶比鲜牛奶、羊奶适宜新生儿。

由于新生儿体质存在个体差异，有些新生儿喂配方奶粉时，偶尔会出现过敏现象，所以应根据新生儿的不同情况选择不同的配方奶粉。

1. 配方奶粉的种类

（1）普通配方奶粉。在没有母乳的情况下，最好选用配方奶粉喂养，新生儿不适宜直接饮用牛奶。因为牛奶中含有高浓度的蛋白质和矿物质，会给新生儿尚未发育成熟的肾脏带来负担。而配方奶粉根据新生儿需要去掉了牛奶中多余的蛋白质，再加入牛奶中不足的乳清蛋白、乳糖、不饱和脂肪酸以及维生素、矿物质等其他婴儿所需的营养成分。用配方奶粉喂养新生儿，要按一定比例进行冲调（按奶粉包装上的比例冲调），避免过稀、过浓，或额外加糖。太浓，新生儿不容易消化，会引起腹泻；太稀，会造成婴儿营养不良。

（2）治疗性配方奶粉

1）水解蛋白配方。对确诊为牛乳蛋白过敏的婴儿，应坚持母乳喂养，可继续母乳喂养至 2 岁，但母亲要限制奶制品的摄入。如不能进行母乳喂养，牛乳蛋白过敏的婴儿应首选氨基酸配方或深度水解蛋白配方奶，不建议选择部分水解蛋白配方奶、大豆配方奶。

2）无乳糖配方。确诊为乳糖不耐受的婴儿应使用无乳糖配方奶（以蔗糖、葡萄糖聚合体、麦芽糖糊精、玉米糖浆为碳水化合物来源的配方奶）。

3）低苯丙氨酸配方。确诊苯丙酮尿症的婴儿应使用低苯丙氨酸配方奶。

如果医生推荐新生儿食用特殊的配方奶粉，要谨遵医嘱，特殊配方奶和普通配方奶有很大的区别，应严格按照喂食量、时间表、特殊准备要求等进行喂养。

2. 正确选择配方奶粉

（1）要根据婴儿的身体情况选择相应的代乳品。

（2）注意观察代乳品的生产日期和保质期。

（3）要选择正规厂商提供的代乳品。

（4）不要频繁更换代乳品。

（5）要适合婴儿的月龄。

3. 配方奶粉的冲调步骤

第一步：洗净双手，拿出经过清洁与消毒的奶嘴、奶瓶。

第二步：加入适温适量的开水。

先往奶瓶中加入40摄氏度左右所需量的温开水，或把温开水滴在手臂内侧，以感觉不烫为宜。具体水量参照奶粉包装上的说明。

第三步：量出精确量的奶粉。

一般情况下，奶粉包装内都会附带一个专用量勺，包装上会写明不同月龄婴儿所需奶粉的准确配比和每次大致的喂哺量。按照说明加入精确量的奶粉即可。奶粉不可紧压，平勺即可，对准奶瓶将奶粉倒入。

第四步：摇匀奶液。

套上奶嘴，把奶嘴拧紧，将奶瓶沿顺时针或逆时针一个方向轻轻地摇动，摇匀奶液，使奶粉充分溶解。

第五步：测奶温。

在喂婴儿之前，先试试配方奶的温度。可滴一滴奶液于手臂内侧，以感觉稍热最为合适，一般在37℃左右。

4. 冲调奶粉的注意事项

（1）切忌先加奶粉后加水。

（2）宜即冲即食，没吃完的剩奶要倒掉，千万不能放在保温的器具里，以防奶液变质。也不宜用微波炉热奶，以避免奶液受热不均或过烫。

（3）应严格按照产品说明进行奶粉调配，避免过稀或过浓，或额外加糖。

（4）当婴儿患病服药时，不可将药物加到奶粉中给婴儿服用。

三、奶具的选择及清洁

1. 奶瓶的选择

应选择玻璃奶瓶，玻璃奶瓶耐高温、易清洗、易消毒，比较适合新生儿使用。

2. 奶嘴的选择

奶嘴孔的大小要适中，不要过大，以防止奶液呛入气管；要根据婴儿的月龄选择，以奶瓶倒立时奶液能连续滴出为宜，喂奶时奶嘴里要充满奶液。

3. 奶具的清洁与消毒步骤

婴儿的消化系统十分敏感，很容易发生细菌感染，所以在人工喂养的各种操作过程中，必须重视调乳器具的清洁、消毒工作，以避免奶瓶、奶嘴等用具不洁而造成新生儿口腔、肠胃感染。

第一步：清洁。

奶具使用后应立即将奶瓶及奶嘴进行拆分。

清洗时，选择专用的奶瓶刷、奶嘴刷和奶瓶清洗剂；每次清洗时要将奶嘴和奶瓶分别清洗干净，要注意细节处的清洗；用清水将清洗后的奶瓶、奶嘴冲刷干净，避免清洁剂残留。

将清洗好的奶具进行控水或放置晾干备用。

第二步：消毒。

使用消毒专用锅、蒸汽锅等对奶具进行消毒。

煮沸消毒：将奶瓶、奶嘴放进平底锅，煮 10 分钟，需要使用时再取出。

蒸汽消毒：可以使用标准的奶具蒸汽消毒机，注意消毒的时间。

四、人工喂养的方法

1. 喂奶过程

（1）选好舒适的姿势。喂奶时以坐姿为宜，坐在有扶手、有靠背的椅子上，扶手可以支撑手臂，如果有需要，还可以在椅背处或者其他需要的地方添加一个靠垫。姿势舒适即可，避免造成肌肉紧张，让婴儿头部靠在大人的肘弯处，婴儿背部靠在前手臂处，呈半竖起的姿势环抱婴儿，并扶住他的头。不要在婴儿完全平卧时喂奶，这样会增加窒息的危险。

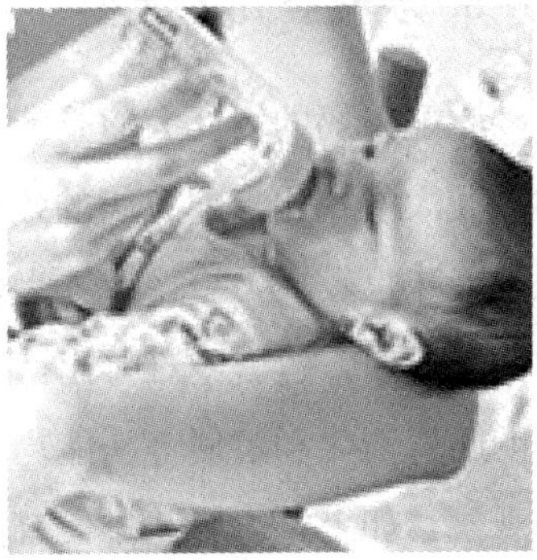

图 6—6 奶瓶喂奶姿势

（2）让配方奶充满奶嘴。喂奶时，拿好奶瓶，使奶瓶保持一定倾斜度，先用奶嘴轻触婴儿嘴唇，刺激婴儿吸吮反射，然后将奶嘴放入婴儿口中，注意喂哺时奶瓶的位置与婴儿下颌成 45 度（见图 6—6），奶嘴内应全部充满配方奶，以防吸入空气而引起溢乳、吐奶或腹痛。喂奶时要注意婴儿喝奶的速度，不可过快，不然容易呛到。中断喂奶时，应轻轻按婴儿的下颌，即可拨出奶嘴，中断吸奶的动作。

2. 喂奶时互动交流

给婴儿喂配方奶时，注意母婴互动交流，应平静而安详，传递给婴儿放松、舒适且愉快的感觉，要和婴儿轻声说话，与婴儿有视觉的交流。

3. 喂养次数

婴儿胃容量较小，3 个月后婴儿可建立自己的进食规律，此时应开始定时喂养，每 3～4 小时一次，约 6 次/日。

4. 奶量估计

配方奶作为6月龄内婴儿的主要营养来源时，需要经常估计婴儿奶的摄入量。3月龄内婴儿奶量为500～750毫升/日，4～6月龄婴儿为800～1 000毫升/日，逐渐减少夜间哺乳。每个婴儿所需的奶量差别较大，要因人而异。允许每次奶量有波动，避免采取不当方法刻板要求婴儿摄入固定的奶量。

5. 观察婴儿的大便

吃配方奶的婴儿大便是淡黄色或黄棕色，配方奶不能像母乳那样完全被消化。与吃母乳的婴儿大便相比，配方奶的残留物会使婴儿大便看起来体积更大。另外，吃配方奶的婴儿大便的气味也较大，更像成人大便。吃配方奶的婴儿通常需要每天排便至少1次才正常，越长时间不排便，也就越难排出，这就会导致便秘。有些新生儿会有三五天才解便的现象，新生儿的肠胃消化和解便等功能均未发育健全，需要时间调适。若是喝配方奶的婴儿，更需要时间观察，如果觉得婴儿排便有困难，需请医师做诊断。

五、新生儿喂水

母乳喂养的新生儿无须额外补充水分，人工喂养的新生儿应适当补充水分。一般可在两次喂奶中间喂1次水，饮水量约是奶量的1/2。夜间不喂水。

要喝温的白开水，不要给新生儿喝葡萄糖水、蜂蜜水、果汁等。

六、溢奶和拍“嗝”

1. 溢奶

溢奶也是婴儿阶段的普遍现象。婴儿胃容量较小，呈水平位置，且具有贲门括约肌松弛、幽门括约肌发育较好等消化道的解剖生理特点，使6月龄内婴儿常常出现溢奶。了解正常溢奶和真正的呕吐之间的差别非常重要。因为溢奶是生理现象，而呕吐是病理现象。呕吐反应更加剧烈，常会给婴儿带来很大的痛苦和不适。如果婴儿出现呕吐，应立刻联系医生。

为防止溢奶造成窒息，请注意以下几点：

(1) 喂奶后竖抱，拍后背，使之排出咽下的气体。

(2) 婴儿宜侧卧，如果发生溢奶，奶会自然流出。如果仰卧，奶可能流入气管而发生窒息。左右交替侧卧。

(3) 不要给婴儿垫枕。

2. 拍“嗝”

婴儿吃奶时常会吞入一些空气，这会让他感到不适，变得烦躁不安。虽然母乳喂养和吃配方奶的婴儿都会出现这种情况，但更常见于用奶瓶吃奶的婴儿。这种情况发生时，最好停止喂奶，进行拍“嗝”。不要让婴儿继续一边哭闹一边吃。

拍“嗝”的要领如下：

步骤一：先在大人肩膀上铺条毛巾。

步骤二：抱起婴儿。用一只手扶住婴儿的屁股，另一只手托住婴儿的脖子，以张开手掌的虎口为中心，依序托住婴儿的头、颈、肩。务必用手掌完全托住婴儿的头部和脖子。

步骤三：将婴儿的屁股往上抬，重心前倾，而使头靠在大人肩膀处的毛巾上，并略微调整毛巾的位置。

步骤四：将手掌略微弓起，使手心呈弓状。在婴儿背部轻拍，慢慢将婴儿体内的空气拍出（见图 6—7）。

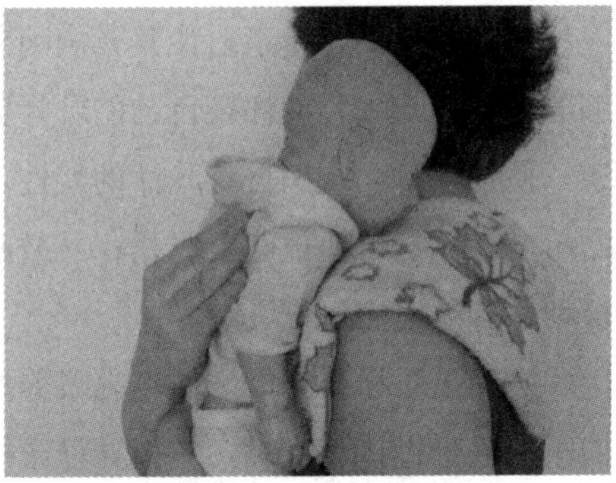

图 6—7　拍“嗝”姿势

第四节　特殊婴儿的喂养

一、早产儿的喂养

1. 早产儿特点

早产儿各器官的功能还不完善，生活能力弱，吸吮能力差；早产儿各种消化酶不足，胆酸分泌较少，不能将脂肪乳化，故脂肪消化吸收能力差。贲门括约肌较松弛，胃容量小，故比足月婴儿更易溢奶；肠道肌张力低，易腹胀。所以喂养方面容易产生问题，早产儿在新生儿监护中心监护至体重增至 2 300～2 500 克，才可以出院。

2. 促使早产儿母乳喂养成功的措施

（1）鼓励早产儿母亲，让其充满哺乳的信心。早产儿的母亲，往往对能否喂好婴儿缺乏足够的信心。既焦急又怀疑自己的乳汁数量和营养是否能满足婴儿的需要。要帮助早产儿的母亲，使她了解和认识自身乳汁的特性，意识到自己的乳汁才最适合婴儿的需要，只有让婴儿吃母乳，才足以使他健康成长；并鼓励她和早产儿尽早和频繁地接触，促使母亲主动地、积极地、有效地实行母乳喂养。

（2）加强对早产儿母亲的母乳喂养技巧指导。当有的早产儿因为吸吮功能太差或住院治疗而不能进行直接吸吮时，应指导母亲按时挤奶（至少每 3 小时挤一次），然后用滴管或小匙喂给早产儿。一旦早产儿具备直接吸吮母亲乳房的条件时，应尽早直接母乳喂养。

（3）早产儿的哺喂姿势要正确。要针对新生儿哺乳的特点，用手托起乳房，也可以先挤出一点乳汁在乳头上，鼓励早产儿吸吮，并做到正确有效含接和吸吮。

由于早产儿胃容量较小，所以要勤喂，每天应哺喂 12 次以上。每次哺喂后要将婴儿竖抱起来，拍拍婴儿的后背，促使咽下的空气排出。

二、双胞胎及多胞胎新生儿的喂养

绝大多数双胞胎喂养同正常单胎一样，可指导产妇采用橄榄球抱式方法同时喂哺两个婴儿。

双胞胎的母乳喂养可以一个一个地轮换哺喂，或者是产妇一边一个，采用橄榄球抱式的方法同时给两个婴儿一起喂奶。三胎以上的多胞胎婴儿出生时体重大都在 2 500 克以下，在医院内进行护理，待体重超过 2 300 克以后，医院才考虑让其出院，因此要帮助产妇将母乳挤出来，送至医院喂哺。

因此，出院后婴儿要实行母乳喂养，并按需进行哺乳。参考早产儿母乳喂养部分。

三、婴儿疾病与哺乳

1. 婴儿腹泻时的哺乳

婴儿腹泻，首先要查明腹泻的原因并及时进行喂养方法的调整。纯母乳喂养或混合喂养的婴儿，腹泻期间不要中断母乳。母乳是婴儿的最佳食品，因为母乳清洁无菌，并含有许多免疫物质，且母乳中的电解质含量适当。另外，母乳中还含有促进婴儿肠道黏膜修复的生长因子，所含的蛋白质、脂肪的质地好，容易消化。所以，婴儿腹泻时不要中断母乳喂养。

2. 患肺炎婴儿的哺乳

肺炎的临床症状主要是气急、发绀、不愿吃奶、反应不佳、体温异常，严重时有呼吸困难，或者呼吸暂停等。由于新生儿咳嗽反应差，所以得肺炎后不出现咳嗽症状。

对患有肺炎的婴儿，在进行治疗的同时，应在医护人员的帮助下实行母乳喂养，并注意以下问题：

（1）给婴儿喂奶时不宜过饱，每次哺喂后要将婴儿竖抱起来，轻拍婴儿的后背，促使婴儿打嗝，以免吐奶。

（2）对病情较重、已经住院治疗的婴儿，产妇每天把乳汁挤出送至医院，由护士哺喂。

3. 婴儿肠绞痛时的哺乳

肠绞痛是婴儿的常见病和多发病之一。肠绞痛一般发生在3个月以内的婴儿中，其主要表现为在特定的时间内无明显诱因的阵发性哭闹，一般多在晚上，哭闹时两腿屈曲，轻度腹胀，并可听到较响的肠鸣音，当肛门排气后好转，哭闹也明显减轻，如予以喂奶也会使哭闹暂停，但过后哭闹更加严重。

婴儿肠绞痛时，不要以喂奶来控制其哭闹，要轻轻地、慢慢地用手在婴儿的腹部按顺时针的方向进行揉动，待婴儿的肠内气体排出后，再进行喂奶。每次喂奶后，将婴儿竖抱起来，并用另一只手轻轻拍打婴儿的背部，让婴儿打嗝。

4. 婴儿鼻腔阻塞时的哺乳

婴儿很容易患上呼吸道感染，这是由于婴儿的鼻部和鼻咽腔相对短小，鼻道狭窄，没有鼻毛，黏膜柔嫩，血管丰富，感染后黏膜易充血肿胀，造成鼻腔狭小，发生呼吸不畅。特别是在哺乳时，婴儿往往啼哭，拒绝吃奶。在这种情况下，为了保证给婴儿喂奶，应采取以下处理办法：

（1）清洁鼻腔分泌物，可用软棉签轻轻地卷出分泌物。如分泌物过硬，可往鼻腔内滴入1～2滴清洁的凉开水，使其软化后再卷出。

（2）如果鼻腔内没有分泌物，应在医生治疗后，接着进行喂奶。少量多次喂哺。

（3）若喂哺婴儿时，婴儿嘴唇出现青紫应立即就医，防止病情恶化。

第七章 新生儿特点及日常护理

第一节 新生儿的特点

一、新生儿的分类

新生儿是指出生后 28 天内的婴儿。在此期间，新生儿脱离母体转为独立生存，所处内外环境发生根本性变化，机体各项生理功能都在进行逐步调整适应。

1. 根据胎龄分类

（1）足月儿。胎龄满 37 周至未满 42 周的新生儿。

（2）早产儿。胎龄大于 28 周、不满 37 足周的新生儿。

（3）过期产儿。胎龄满 42 周以上的新生儿。

2. 根据体重分类

（1）低出生体重儿。指出生体重（出生后 1 小时内测量）不足 2 500 克的新生儿。其中体重不足 1 500 克者又称极低出生体重儿。

（2）正常出生体重儿。指出生体重在 2 500～3 999 克的新生儿。

（3）巨大儿。指出生体重大于或等于 4 000 克的新生儿。

二、新生儿的生理特点

约95%的新生儿都符合下列指标：

体重为2 500～3 999克，平均3 300克。身长为46～55厘米，平均为50厘米。正常新生儿出生时哭声洪亮，四肢活动自如，呈屈曲状，皮肤红润，皮下脂肪丰满，胎毛少。呼吸浅表、较规则，以腹式呼吸为主，35～45次/分钟。心率较快，平均120～140次/分钟。新生儿正常于出生后12～24小时内排出胎便，24小时内排尿。

1. 呼吸系统

新生儿的肺容量较小，但新陈代谢所需要的氧气量并不低，故只能以加快每分钟呼吸的次数来满足需要。正常新生儿每分钟呼吸35～45次。新生儿呼吸中枢不健全，呼吸肌发育不完善，呼吸主要依靠膈肌运动，以腹式呼吸为主。常有呼吸深浅、速率快慢不等的现象，表现为呼吸浅快、不匀，这也是正常的表现。

2. 血液循环系统

出生时脐带的切断及第一次呼吸，使新生儿的心血管系统发生改变。心率较快，平均120～140次/分钟。新生儿体内血液循环系统尚未成熟，故新生儿的四肢易冷。

3. 肝脏功能

新生儿肝脏尚未完全成熟，但仍然可以发挥其主要的功能。

4. 消化系统

刚出生的新生儿其胃容量为5～7毫升，出生7天后，胃部渐扩大至15～20毫升。新生儿的胃排空时间为1.5～4小时（水、母乳、配方奶排空时间不同），需要少量多次的频繁喂养。由于新生儿的胃部呈水平状，且贲门括约肌发育不全，新生儿在喂奶后常出现溢奶现象。

90%的新生儿在出生后12～24小时内排出第一次胎便。胎便是一种无味、浓稠、深绿色的粪便。胎便由消化道分泌物和胎儿在子宫脱落的上皮细胞组成。

5. 泌尿系统

新生儿于出生后24小时内排尿。新生儿出生时肾脏发育不完全，如果新生儿水分摄取不足，或有呕吐、腹泻，易引发脱水、酸中毒及电解质不平衡。

6. 神经系统

新生儿的神经系统发育不完全。其脑部大小约为成人的25%，且神经纤维髓鞘化尚未完成。因此，在新生儿期会出现一些反射动作，出生后已具备觅食反射、吸吮反射、抓握反射、拥抱反射和交叉伸腿等原始反射。待神经系统发育完成后原始反射即自动消失。

7. 生殖系统

新生儿出生后的最初几天，受母体激素的影响，女婴有时会出现假月经及阴唇肿胀的现象，男婴的阴囊出生后肿胀，可自行恢复，不需处理。

8. 体温调节

新生儿体温调节中枢尚未完全成熟。新生儿体表面积大，加之皮下脂肪较薄，皮下血管丰富，所以造成保温差、散热快。

9. 免疫系统

胎儿在子宫内也可获得母体的抗体IgG，但其他的IgM、溶解酶等缺少，免疫反应不活跃。

三、新生儿的外部特征

新生儿出生时皮肤红润，胎毛少，全身皮肤覆盖胎脂，头发纤细，耳郭软骨发育良好、轮廓清楚；指趾甲长至或超过趾端，整个足底有较深的足纹交错分开，乳房可摸到结节；男婴睾丸下降，阴囊有较多皱褶；女婴大阴唇完全遮盖小阴唇。

1. 头部

婴儿的头围大约是 34 厘米，顺产的新生儿受产道挤压，胎头变形，头部有狭长的隆起，很快就会恢复正常的形状。剖宫产的婴儿头部较圆。

2. 面部

额头、眼皮上有红色斑点，眼睛浮肿泛青，眯成一条缝，大部分时间都闭着眼睛，偶尔睁开，睁眼后喜欢四处张望。有些新生儿鼻尖有白色斑点，称为粟粒疹。粟粒疹是新生儿常见的皮疹之一，一般发生在婴儿鼻尖、鼻翼及面颊部等处。粟粒疹直径为 1～2 毫米，呈黄白色，是突出于皮肤表面的皮疹，就像粟粒般。它是由于皮脂腺阻塞而引起的，一般在出生后几周内可自行消失，不需要任何处理。

3. 四肢

新生儿的胳膊和腿分别向胸部和腹部呈弯曲状，因为新生儿习惯保持在母亲子宫里蜷缩成一团的姿势，几周内身体就会逐渐舒展开。手脚皮肤发青，手呈握拳状，双脚一般朝内翻，脚趾头常常叠在一起。

4. 皮肤

肤色红润、肩部和背部有胎毛。刚刚出生的新生儿皮肤呈浅玫瑰色，但新生儿的肤色不均匀，有的部位肤色红润，有些部位看起来显得青紫。婴儿初生时，皮肤上有一层乳白色的胎脂，在耳后、颈部、腋下、关节的屈曲部、肘部、大腿根部、臀部等皱褶处被胎脂覆盖着，在出生后的三四天，新生儿的全身皮肤变得干燥，表皮逐渐脱落。1 周以后就可以自然落净，避免硬往下揭。由于新生儿皮肤的角质层比较薄，皮肤下的毛细血管丰富，因此，新生儿在“落屑”以后，他的皮肤呈粉红色，非常柔软光滑。

5. 身长

身长是反映骨骼发育的一个重要指标。新生儿出生时平均身长 50 厘米，其中头长占身长的 1/4。新生儿出生后前半年每月平均长 2.5 厘米，后半年每月平均长 1.5 厘米，1 岁时可达 75 厘米。

四、新生儿生理性体重下降

新生儿出生时平均体重为 3 000 克，正常范围为 2 500～3 999 克，新生儿出生时的体重包含了过多的体液，这些体液会在出生后 3～5 天内排出体外，体重会一时下降 3%～9%，一般不超过 10%，称为生理性体重下降。新生儿在出生后数日内，因尿液及粪便的排出，还会呕出一些出生过程中吸入的羊水，肺呼吸和皮肤也会散发一些水分，造成了体重下降。只要哺乳得当，3～4 天后体重开始回升，7～10 天后可恢复到出生时的体重。

五、新生儿的反射动作

新生儿时期躯体不能自由移动，只表现出手足的不自主的活动，主要以一些先天性反射活动来适应周围环境。这些先天的反射是早期新生儿特有的，它可以反映新生儿机体是否健全、神经系统是否正常。随着新生儿年龄的增长，神经系统的逐步发展，这些先天的神经反射会在一定的时间内逐渐消失，被更成熟的神经活动来代替。这些先天反射的存在与消失不仅能反映出神经系统是否正常，还与今后的运动发育有着密切的关系。

主要的先天性反射有下列几种：

1. 觅食反射

用手指或乳头触摸新生儿的面颊，他就会将头转向被触摸的一侧并张开嘴表现出吸吮动作，这种反射帮助新生儿在吃奶时找到乳头。起初，婴儿会左右摆头，在两侧寻找乳头，这种反射会逐渐减弱，到 3～4 周时婴儿会直接扭过头，将嘴巴凑到合适位置吸吮。

2. 吸吮反射

将乳头或奶嘴放入婴儿口中，接触到口腔的上颚部分时，新生儿就会自动开始吸吮。如把干净的手指放进新生儿嘴里，会凭借本能开始吸吮。这种反射在新生儿 4 月左右开始减弱。

3. 抓握反射

将手指触及新生儿手心时，新生儿会紧握手指不放。抓握反射在头一两个月最强，第 3 个月时开始减弱，通常到第 6 个月就完全消失了。

4. 踏步反射

抱着新生儿把他放在桌子上，让他有一只脚可以接触桌边下缘，承重的脚会向上抬，而另一只脚会向下降，像要踏步一样。这种反射在两个月左右消失。

5. 击剑反射

新生儿平躺在床上时，把他的头转向一边，他一侧胳膊和腿会往外伸，而另一侧的胳膊和腿会向里缩，好像击剑运动员的预备姿势。这种反射在 5～7 个月以后消失。

六、新生儿的行为能力和状态

20 世纪 60 年代，人们都认为新生儿出生伊始，除去吃、睡、哭之外，什么都不会，后来国外有专家研究发现，新生儿从睡眠到觉醒可分为深睡、浅睡、瞌睡、安静觉醒、活动觉醒和哭六种意识状态。每个状态都有一些特定的行为，并发现新生儿在视觉、听觉以及嗅觉、味觉、触觉方面都具备了一定的感受能力和模仿表情的能力。

只有掌握了新生儿的行为能力，才能配合新生儿的父母对新生儿进行早期教育，以促进婴幼儿的潜能发展。

1. 新生儿的行为能力

(1) 视觉。新生儿在觉醒状态时能注视物体和移动眼睛，即头追随物体移动的方向，这是中枢神经系统完整性的最好预测指标之一。眼电图证明新生儿目光追随物体时，眼睛有共振功能。动力视网膜镜显示新生儿最优的视焦距为 19 厘米。新生儿调节视焦距能力差，远了或近了均看不清楚，这种视焦距调节能力至 4 个月左右达到成人水平。34 周早产儿视觉能力和足月儿相似。

(2) 听觉。如在新生儿耳旁，柔声呼叫或说话，觉醒状态下的新生儿会慢慢转过头和眼睛朝向发声的方向，有时会用眼睛寻找声源。但声音频率太高、强度过大时，新生儿的头反而转离声源，或用哭声表示拒绝这种干扰。

(3) 嗅觉、味觉和触觉。新生儿 5 天时能区别他们的母亲、奶垫和其他母亲、奶垫上的气味，出生后第 1 天对不同浓度的糖溶液吸吮的强度和量不同。这说明新生儿出生后不久就有嗅觉和味觉能力。新生儿对触觉也很敏感，如果用手放在正在哭的新生儿的腹部或握住他的双手，可使他平静。这是新生儿通过触觉得到安慰的表现。

(4) 习惯形成。新生儿具备了对刺激有反应、短期记忆和区别两种不同刺激的功能，可以认为这是一种简单的学习。

(5) 和成人相互作用。新生儿具备了与成人相互作用的能力。新生儿哭是引起成人反应的方式，使其要求得到满足，新生儿的注视、微笑、皱眉也可引起母亲的反应。

(6) 其他能力。新生儿有模仿成人脸部表情的能力，如能模仿成人张口、撅嘴、吐舌等各种表情动作。新生儿有条件反射形成能力等。

2. 新生儿状态

新生儿行为能力和状态有密切关系，在不同的状态下有不同的行为能力。

(1) 深睡（非快速眼动睡眠）。眼闭合，无眼球运动和身体运动，呼吸规律。

(2) 浅睡（快速眼动睡眠）。眼闭合，眼球在闭合的眼睑下快速活动，常有吸吮动作，肌肉颤动，间断有大的舞蹈样肢体运动，身体像伸懒腰，偶尔发生呼吸不规则，脸部常出现表情如微笑、皱眉或怪相。新生儿一天中睡眠时间为 14～20 小时，平均为 16 小时。睡眠有睡眠周期，一个睡眠周期为 45 分钟。

（3）瞌睡。眼可张开或闭合，眼睑闪动，有不同程度的躯体运动。

（4）安静觉醒。眼睁开，机敏，活动少，能集中注意力于刺激源。

（5）活动觉醒。眼睁开，活动多，不易集中注意力。

（6）哭。对感性刺激不易引出反应。

第二节　新生儿的日常护理

一、抱新生儿的方法

正确的贴身抚抱对婴儿身心发育十分重要，亲切、温暖、安全的拥抱会让婴儿感到十分满足。拥抱，就是给新生儿提供触觉刺激的最佳方式。新生儿身体的特点是头大、头重，头占全身长的 1/4，婴儿颈部肌肉的神经还没有发育好，肌肉松软，肌肉力量较弱。抱起新生儿时一定要支撑住新生儿的头部和颈部，让新生儿全身舒适、放松。抱新生儿可以有不同姿势，主要有横抱法、坐抱法、竖抱法、手托法。

1. 横抱法

将婴儿横抱在怀里，尽量靠近大人的身体。将婴儿的头和颈放在左臂弯处，肘部护着婴儿的头，左手腕和左手护背和腰部，让婴儿横躺在大人前臂上，右小臂从婴儿身上伸过护着婴儿的腿部，右手托着婴儿的屁股和腰部，婴儿的身体成一条直线（见图 7—1）。

2. 坐抱法

待婴儿头部能竖直时，可采用坐姿怀抱，将婴儿上半身及头颈部紧靠大人胸前，一手抱住婴儿前胸，另一手托住婴儿臀部和双腿，撑住婴儿全身重量（见图 7—2）。

坐姿怀抱时婴儿可环视四周。

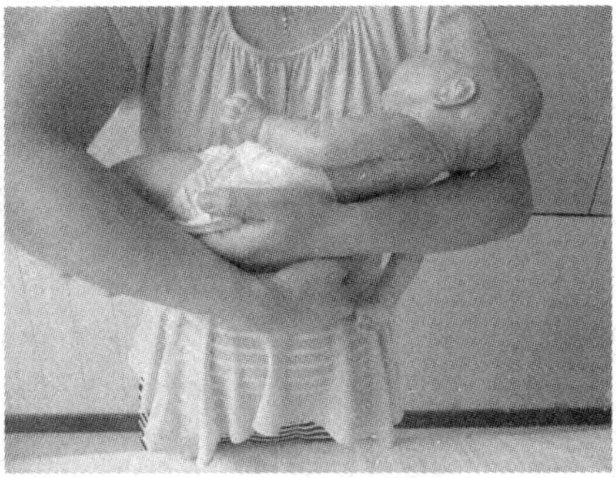

图 7—1 横抱法

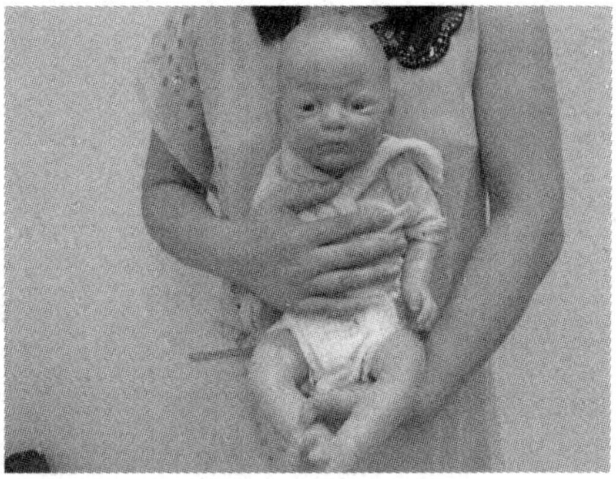

图 7—2 坐抱法

3. 竖抱法

婴儿伏于大人的肩部，将婴儿抱直，胸腹紧贴大人前胸，一手臂绕背抓住对侧婴儿上肢，婴儿头尚不能竖稳时可将手掌托住婴儿头和颈，另一手从在婴儿背后紧紧抱住。竖抱也可用于拍嗝及锻炼头颈部肌肉（见图 7—3）。

4. 手托法

比较多用于把婴儿从床上抱起和放下。用左手托住婴儿的背、颈、头，右手托住臀部和腰，抱起和放下婴儿时动作要轻柔缓慢。

（1）用手托抱起婴儿的方法。

第一步，把手放在婴儿头下。

把一只手轻轻地放到婴儿的头下，用手掌包住整个头部，注意要托住婴儿的颈部，支撑起他的头（见图 7—4）。

第二步，另一只手托住婴儿臀部。

稳定住头部后，再把另一只手伸到婴儿的臀部下面，包住婴儿的整个臀部，力量都集中在两个手腕上（见图 7—5）。

第三步，慢慢把婴儿的头支撑起来。

注意：一定要托住婴儿的颈部，防止婴儿的头往后仰，否则会让婴儿感到不舒服。要用腰部和手部力量配合，托起婴儿（见图 7—6）。

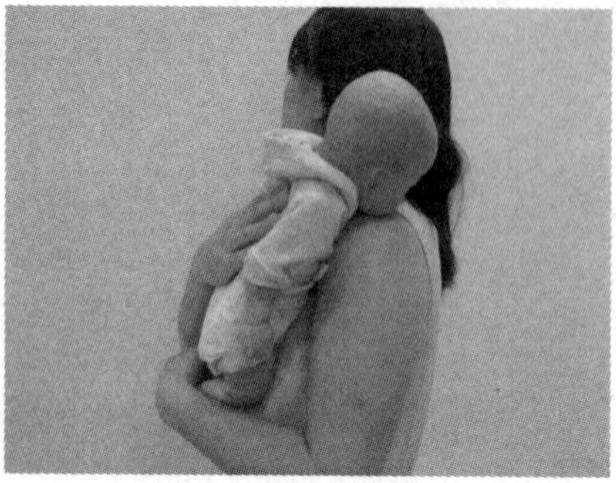

图 7—3 竖抱法

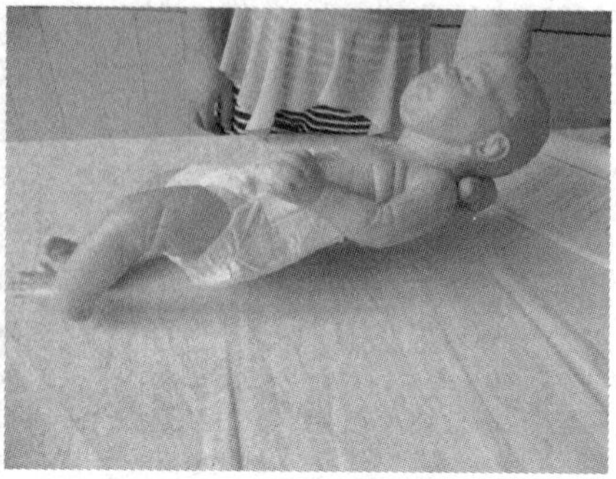

图 7—4 托住婴儿头颈部

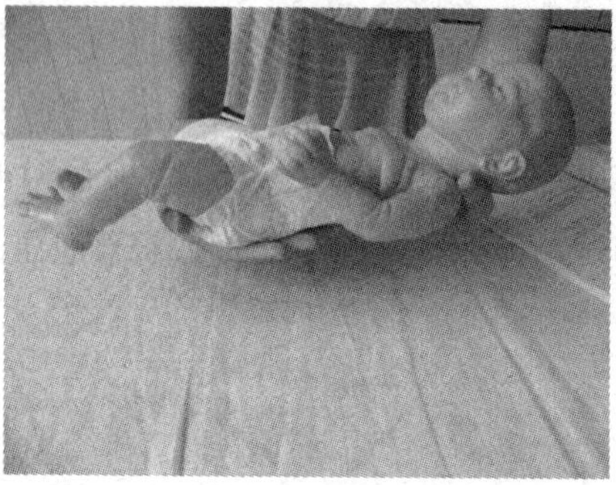

图 7—5 双手托起婴儿

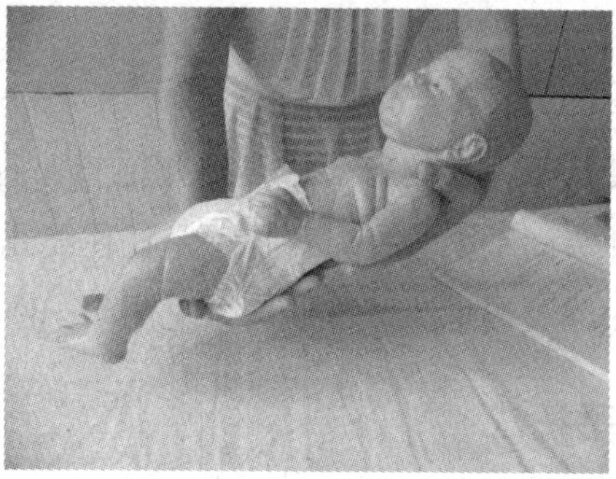

图 7—6 抬高婴儿头部

第四步，把婴儿抱起来，并确认手的位置。

两只手都用力，把婴儿从床上抱起来，然后确认一下手的位置，正确的位置应该是一只手托住婴儿的头和颈部，一只手托住婴儿的臀部，横抱或是竖抱都可以。

（2）放下婴儿的方法。要把婴儿安全、舒适地放下，应该遵循从臀部到头的顺序，先放臀部，最后放头。

第一步，首先调整自己的姿势，稍稍弯下腰，手臂绷紧，以做好将要放下婴儿身体的准备。

第二步，用两只手好好支撑住婴儿的头、颈部及背部，自然地将婴儿的身体和自己分开。弯下腰，身体前倾。

第三步，轻轻地先把婴儿的臀部放到床上，手仍然放在婴儿的臀部上，另一只支撑住婴儿的头部，不要着急放开（见图 7—7）。

第四步，婴儿的臀部放下后，再轻轻地把婴儿的头也放到床上，两只手暂时不要抽出来，等确定婴儿姿势稳定、安静后再抽手（见图 7—8）。

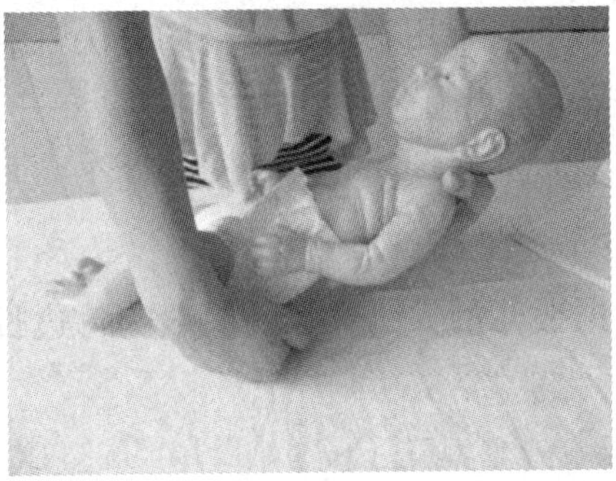

图 7—7　放婴儿臀部

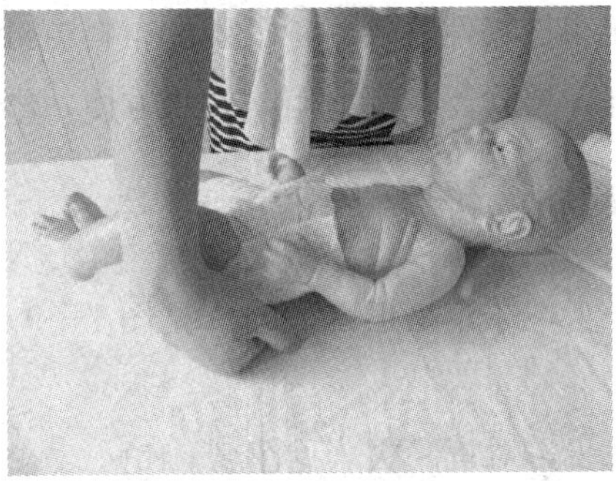

图 7—8　放婴儿上半身

第五步，抽出放在婴儿臀部上的手，用两只手调整婴儿头的位置，以婴儿觉得舒服为准。

第六步，轻轻地把手从婴儿的头下抽出。

5. 抱新生儿的注意事项

（1）要注意支撑婴儿的头部和颈部。出生不久的婴儿，头大身子小，颈部肌肉发育还不成熟，也没有力量支撑起整个头部的重量。所以抱婴儿时，一定要托着他的头，以免伤到颈部。

（2）要多与婴儿交流。在抱着婴儿时，要同他说话、唱歌，用眼睛温柔地注视婴儿，进行目光交流。这种感情交流，可以使婴儿的视野更开阔，受周围环境的刺激更多，对婴儿的大脑发育、精神发育以及身体生长都有着极大的好处。

（3）让婴儿紧贴胸部。因为胎儿在母体内听惯了母亲的心跳，出生后让他再听到熟悉的声音会产生一种亲切感，也更容易适应这种情境，从而使情绪平复下来。所以抱婴儿时，要将他的头部放在贴近心脏的位置，让他能听到大人心跳的节奏，这样会让他有安全感。

二、给新生儿换尿布、纸尿裤的方法

布尿布透气性比较好，常用的布料有纱布、棉布。常用类似纸尿裤的叠法，中间加厚，吸水性好，男女婴儿都适用，使用方便，纱布尿布可以用尿布扣扣住。

1. 尿布的折叠

第一步，尿布是正方形的（见图 7—9），根据婴儿的大小，尺寸一般为每边长 70～75 厘米。

第二步，对折一次（见图 7—10）。

图 7—9　正方形尿布

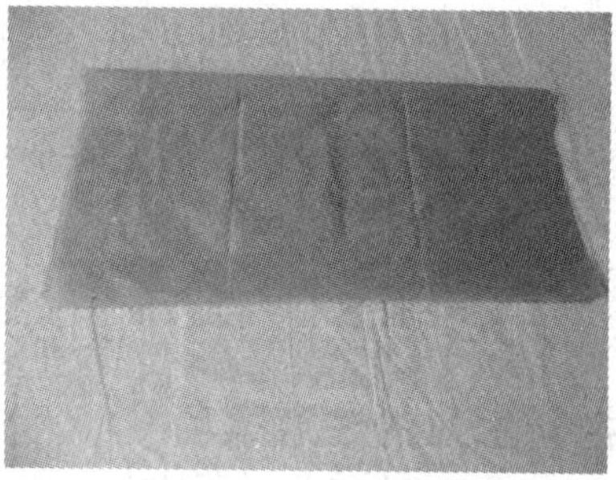

图 7—10　对折一次

第三步，再对折一次，成小正方形（见图 7—11）。

第四步，拉开一个角，尿布一边呈三角形，另一边还是正方形（见图 7—12）。

图 7—11　对折成小正方形

图 7—12　拉开一个角

第五步，翻一个方向，三角形在下面，正方形在上面（见图 7—13）。

第六步，把正方形向左折三份，分两次折完（见图 7—14）。

图 7—13 翻面

图 7—14 向左折

折出中间比较厚的吸尿部分（见图 7—15）。

图 7—15 完成

2. 尿布扣的用法

尿布扣主要有扣式尿布扣和粘式尿布扣两种，如图 7—16、图 7—17 所示。

3. 给新生儿换尿布的方法

（1）尿布纵向放好。

（2）用手掌和拇指托住婴儿的臀部。女婴尿布后部垫厚，男婴尿布前面垫厚。

（3）扣好尿布扣，调整松紧度。

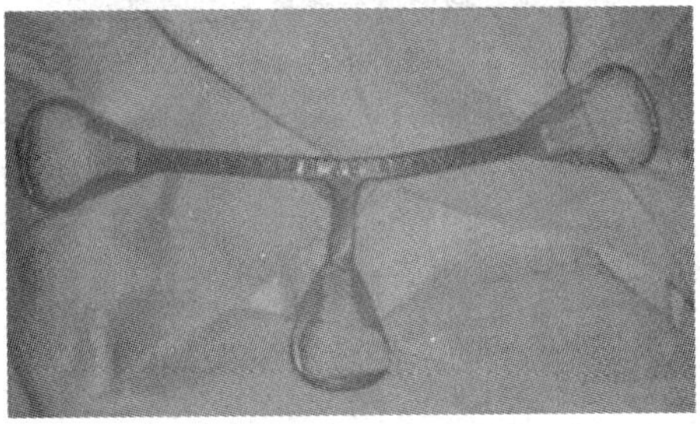

图 7—16 扣式尿布扣

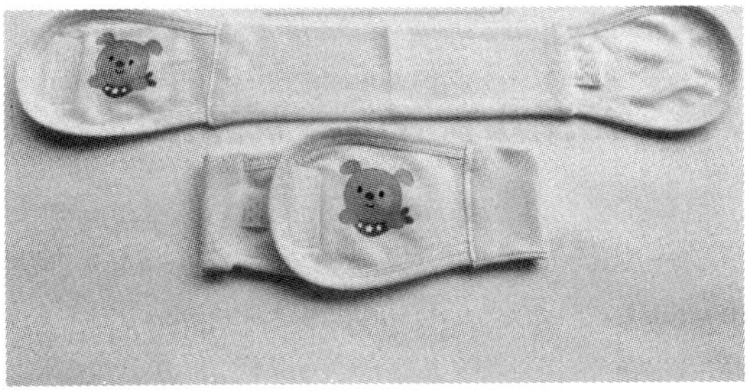

图 7—17 粘式尿布扣

4. 给新生儿换纸尿裤的方法

（1）打开旧的纸尿裤。

（2）脱下旧的纸尿裤，折叠后压在新生儿的臀下。

（3）用柔软的小毛巾沾着清水给新生儿轻轻地擦洗臀部。

（4）一手抓住新生儿的双脚、托起，将脏了的纸尿裤撤离。

（5）将已经打开的新的纸尿裤轻轻放在新生儿的臀下（见图 7—18）。

（6）贴好纸尿裤粘扣（见图 7—19）。

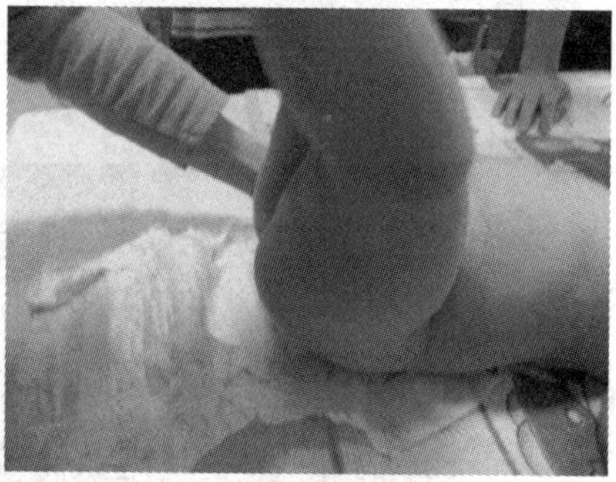

图 7—18　放纸尿裤

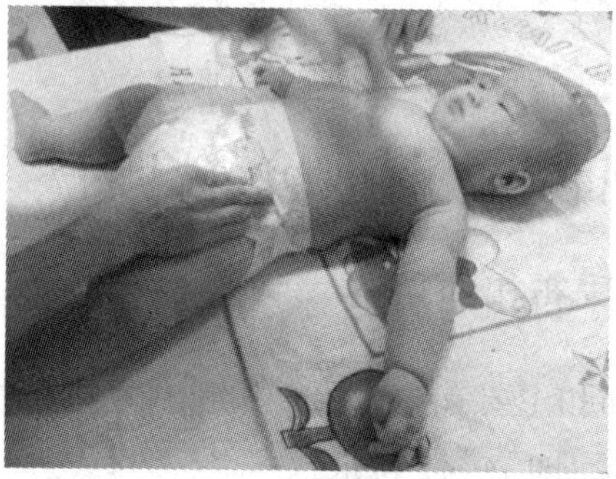

图 7—19　贴好粘扣

（7）整平腹股沟处的皱褶（见图 7—20）。

注意事项：动作要轻柔，纸尿裤的贴条不要粘到新生儿的皮肤上，抬双腿不能超过 45 度。纸尿裤不要穿得太紧，以防引起红臀。

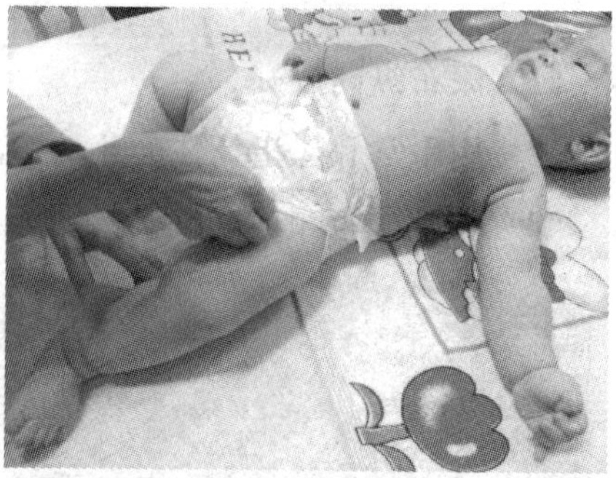

图 7—20　整平皱褶

三、新生儿衣服的穿脱方法

新生儿体温不稳定，容易随外界温度和环境的变化而变化，若外界温度变化大，而没有给新生儿适当增减衣服，容易发生疾病。

1. 新生儿衣服的选择

新生儿衣服应选择柔软舒适的棉质衣服，纯棉衣服对新生儿皮肤无刺激性，透气性好。样式要选择易于穿脱的，如不带纽扣的开身和尚衫或纯棉连身服，裤腿及袖子要宽松，脖子周围没有带状物的修饰。袜子应松软舒适，松紧合适，反面无线头。外出时应戴吸汗的纯棉帽子。

2. 穿衣服步骤

（1）先将衣服平放在床上，让新生儿平躺在衣服上（见图 7—21）。

（2）将新生儿的一只胳膊轻轻地抬起来，先向上再向外侧，伸入袖子中，将身体下面的衣服向对侧稍稍拉平（见图 7—22）。

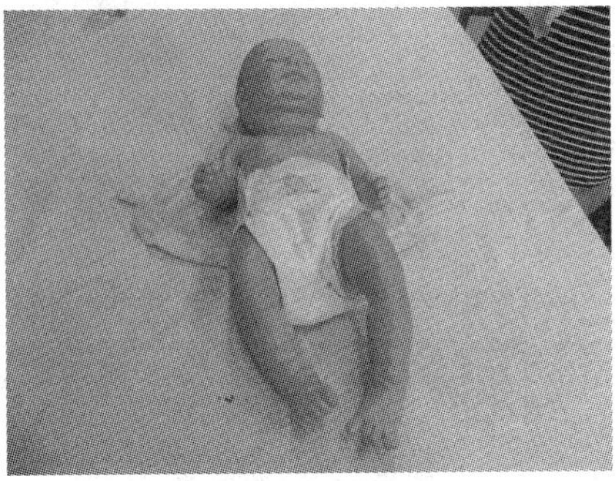

图 7—21　放平衣服

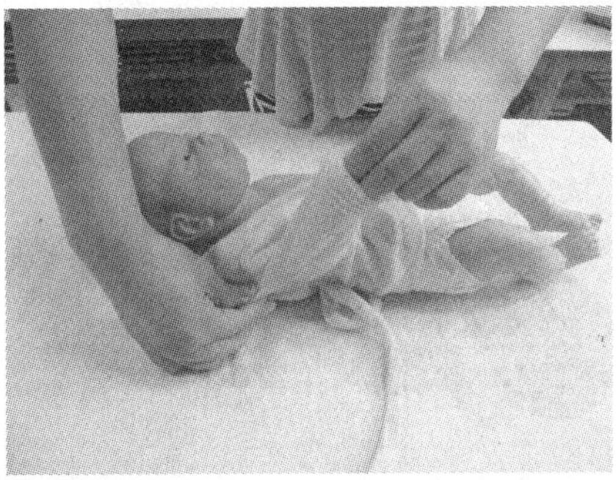

图 7—22　穿袖子

（3）抬起另一只胳膊，使肘关节稍稍弯曲，将小手伸向袖子中，大人的手从袖口内伸进去，握住婴儿的手，然后慢慢将小手拉出来（见图 7—23）。

（4）再将衣服带子系好（见图 7—24）。

3. 穿裤子步骤

（1）大人的手从裤腿中伸入，拉住小脚，将裤子向上提，即可将裤子穿上（见图 7—25 至图 7—29）。

（2）穿连衣裤时，先将连衣裤解开扣子，平放在床上，让新生儿躺在上面，先穿裤腿，再用穿上衣的方法将手穿入袖子中，然后扣上所有的纽扣即可。

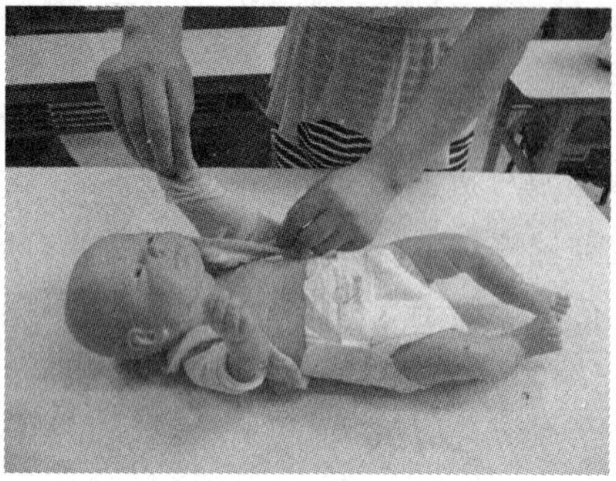

图 7—23　拉出小手

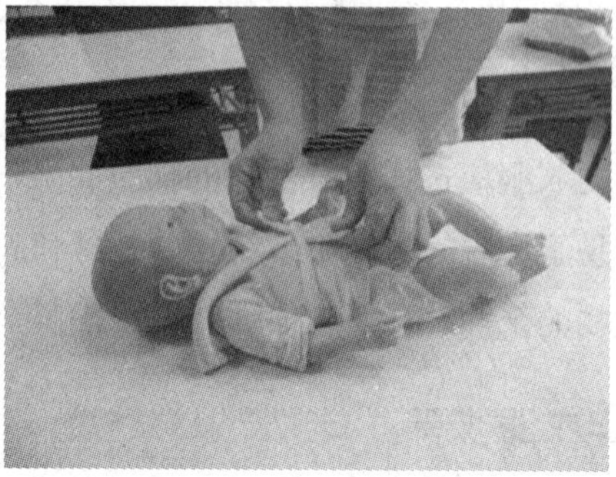

图 7—24　系衣服带子

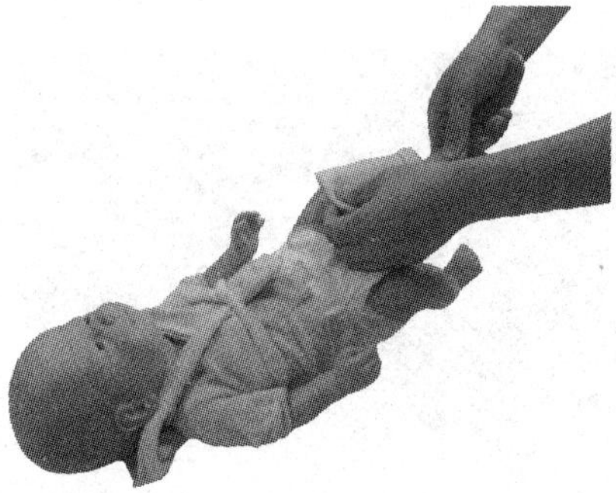

图 7—25　第一步（穿裤腿）

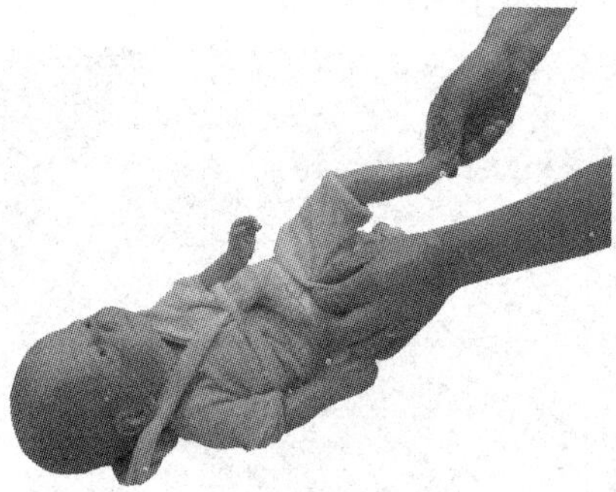

图 7—26　第二步

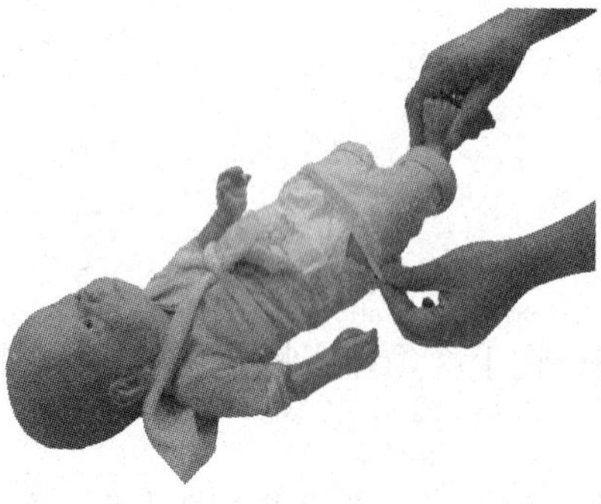

图 7—27　第三步

图 7—28　第四步

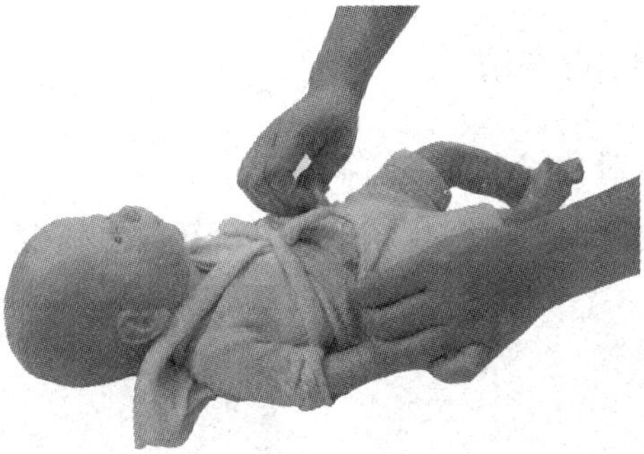

图 7—29 第五步

四、包裹新生儿的方法

1. “蜡烛包”的弊病

中国人传统的做法是把新生儿用布、毯子、夹被、小棉被严严实实地包裹起来。有时还要用带子或绳子捆绑起来。这种包裹方式最终把新生儿裹成一个长长的小包裹，称之为“蜡烛包”（见图 7—30）。打“蜡烛包”存在许多弊病：

（1）新生儿越小，生长越快。严实的包裹不但限制手脚运动，还限制了胸廓的运动；既限制了新生儿体格生长，又限制了肺的功能发育。

（2）新生儿的四肢运动受限制，会妨碍大脑发育。感知觉是刺激大脑神经细胞发育必不可少的条件，包裹过严恰恰使新生儿减少了获得这些刺激的可能性。

（3）在拉直下肢时，稍不注意会造成新生儿髋关节脱位，而在襁褓中不易发现，等学站、学走时发现新生儿跛行已经晚了，早已对新生儿形成了伤害。

图 7—30 “蜡烛包”

（4）不经常打开包裹，新生儿容易形成尿布疹、脐炎、皮肤感染、褶皱处糜烂等。这与通气不良、清洗少、皮肤表面不干净、细菌容易滋生有关。

2. 外出时包裹新生儿的方法

（1）将新生儿放在毯子对角线上（见图 7—31）。

（2）先将一侧毯子角提起向对侧包住新生儿，折转放在新生儿身下（见图 7—32）。

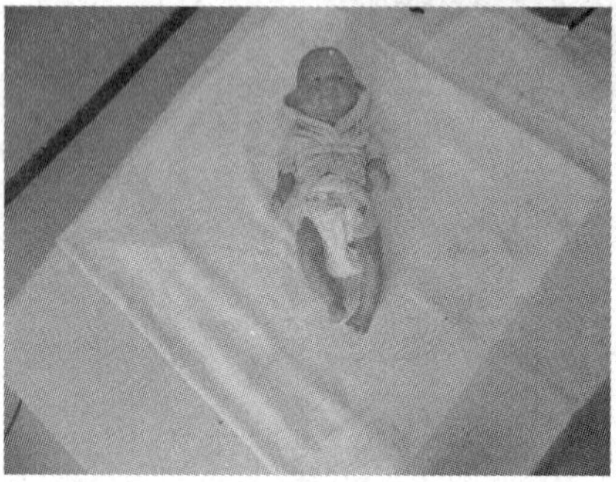

图 7—31　放于毯子对角线上

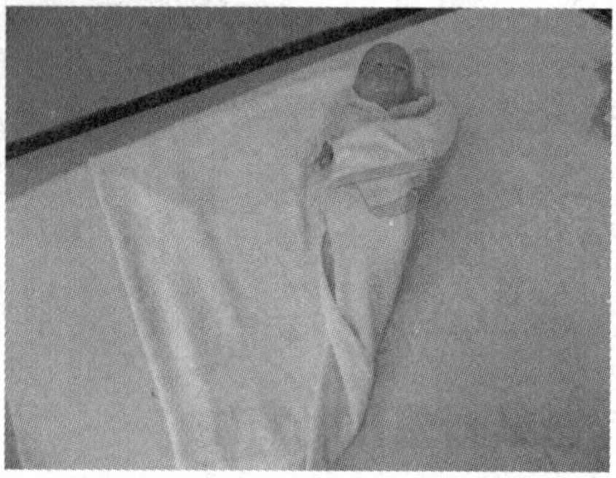

图 7—32　折起一边

（3）再将另一侧按相反方向折转后放于新生儿身下（见图 7—33）。

（4）足部多余的毯子角折回放于臀下（见图 7—34）。

图 7—33　折起另一边

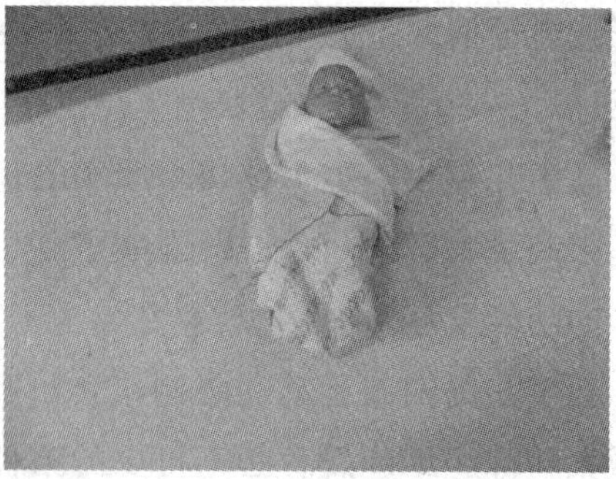

图 7—34　多余的毯子角放于臀下

五、新生儿的睡眠和居室环境

人的一生有三分之一的时间是在睡眠中度过的。睡眠对婴儿的生长发育、对人的健康非常重要。

1. 睡眠对新生儿的重要性

新生儿的生长速度在睡眠状态下是清醒状态时的3倍。位于大脑底部的脑下垂体所分泌的生长激素在睡眠时分泌得最多，生长激素能够促进机体本身的骨骼、肌肉、结缔组织及内脏等的增长。

（1）睡眠充足的婴儿长得高。

（2）充足的睡眠可增强免疫力。

（3）新生儿熟睡可提高智力。

2. 新生儿的睡眠特征

新生儿的神经系统发育尚未十分完善，大脑皮层的兴奋性低，因此容易疲劳，易进入睡眠状态。婴儿的睡眠有个体差异，高质量的睡眠有利于婴儿的身心健康。新生儿期是人一生中睡眠时间最多的时期，每天要睡14～20个小时，其睡眠周期约45分钟。睡眠周期随新生儿成长会逐渐延长，睡眠周期包括浅睡和深睡。深睡时，新生儿平静、眼球不转动、呼吸规则。而浅睡时有吸吮动作，面部有很多表情，有时似乎在做鬼脸，有时微笑，有时撅嘴，眼睛虽然闭合，但眼球在眼睑下转动。四肢有时有舞蹈样动作，有时伸伸懒腰或突然活动一下。

要了解婴儿在浅睡时会有很多表现，不要把这些表现当做新生儿不适，用过多的喂食或护理去打扰他。新生儿出生后，睡眠节律未养成，夜间尽量少打扰，喂奶间隔时间由2～3小时逐渐延长至4～5小时，使他们晚上多睡、白天少睡，尽快和成人生活节律同步。

3. 新生儿正确的睡姿

新生儿由于本身无翻身能力，其睡眠姿势主要由照顾者决定，同时他们整天生活在床上，即使清醒时也同样存在睡姿问题。因此，对于新生儿来讲，睡姿就不仅仅是个习惯问题，而是直接影响其生长发育和身体健康的重要问题。

（1）仰卧位。仰卧是婴儿和成人经常采取的一种睡姿。仰卧可能使已经放松的舌根后坠，阻塞呼吸道，新生儿则可出现呼吸费力。仰卧情况下溢奶有一定危险，有发生乳液呛入气管而产生窒息的可能。因此，始终保持仰卧的睡眠姿势对于新生儿是不适宜的。

（2）俯卧位（见图 7—35）。由于新生儿不会转动头及翻身，枕头及被褥极易阻塞口鼻，有发生窒息的可能，因此，俯卧位睡眠在婴儿时期一定要在有人观察照顾的情况下方可实行，否则有发生窒息死亡的危险。

（3）侧卧位。侧卧位睡眠时婴儿即使溢乳也不致呛入气管，是一种应该提倡的婴儿睡眠姿势（见图 7—36）。

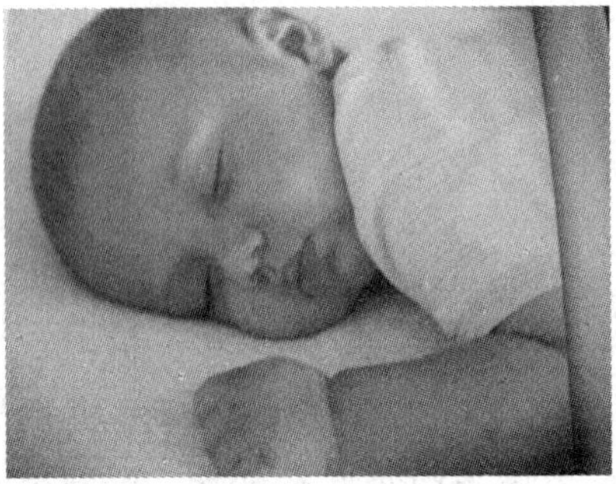

图 7—35　俯卧位

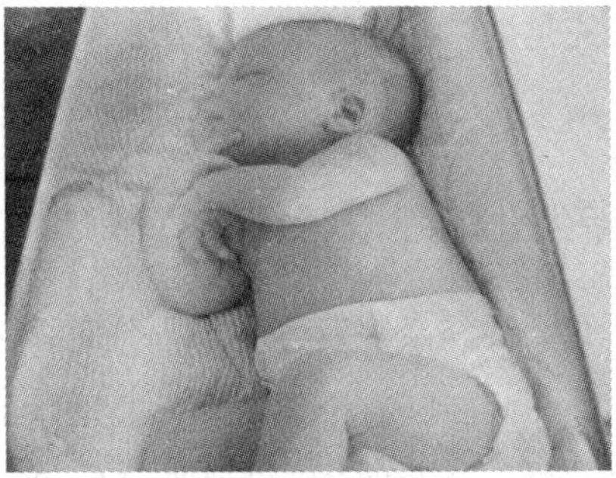

图 7—36　侧卧位

新生儿的睡觉姿势不正确，会导致头脸变形，严重者可能眼歪嘴斜，还可能造成溢奶，甚至造成缺氧窒息。

新生儿出生至 6 个月后头部才定型。长大成人后，就保持原有特征，不会自然改善。因此新生儿熟睡后，要经常调整其姿势。右侧位、左侧位反复轮换。新生儿一般不用枕头，在脖颈下垫一块毛巾。

4. 为新生儿创设良好的居室环境

新生儿从母亲温暖的、恒定的腹部来到多变、复杂的外部世界，环境发生了翻天覆地的变化。为新生儿营造一个安全、舒适的家居环境，帮助婴儿逐渐适应生活环境，对他一生的成长都是非常重要的。

（1）新生儿居室环境应阳光充足，避免强光直射婴儿面部和眼睛。

（2）保持室内空气新鲜、流通，卫生，舒适，室内禁止吸烟，使新生儿入睡快、睡得香。

(3) 保持居室适宜的温度和湿度，温度为22～24摄氏度，相对湿度为50%～60%，过冷或过热都会影响新生儿的睡眠。

(4) 保持良好的睡眠气氛，如拉上窗帘、调暗灯光、保持安静、减少噪声。

(5) 保持床上用品清洁与舒适，并适时增减。注意不要穿太多的衣服睡觉。

(6) 新生儿的床面应该用硬质的，可预防新生儿脊柱弯曲变形、弯腰驼背等。若新生儿与母亲同睡一张床的话，床面要平整质硬。

六、新生儿的大小便护理

新生儿的胎便一般在出生后3～4天内排尽，与喂养的环境有关。进食后转为正常的黄色粪便。如果新生儿是用母乳喂养的，则大便呈金黄色、稀糊状；如果新生儿是完全用奶粉喂养的，则大便呈淡黄色、常常较干可堆起来；混合喂养者则大便性状介于以上两者之间。新生儿每天大便次数不定，母乳喂养的新生儿大便次数要多一些，有的新生儿每次换尿布时尿布上都有大便，如果大便较均匀、水分不多、不含黏液，这都是正常现象。人工喂养的新生儿如果发现大便呈灰色、质硬、较臭，多表示所吃东西中蛋白质过多而糖分过少，应改变所用奶粉的品种。母乳喂养的新生儿，如大便呈深绿色黏液状，多表示母乳喂养不足，要增加母乳喂养的次数和每次喂奶的时间。

1. 护理方法

(1) 大便后用卫生纸把婴儿臀部擦净，女婴一定要从前向后擦，并用流动水清洗臀部。

(2) 每天晚上要用温水给婴儿洗臀部。

(3) 每次便后，要将便盆清洗干净。

(4) 要注意观察婴儿二便的信号，及时作出反应。

(5) 如有臀红应用温水清洗后，晒太阳。

2. 新生儿大便的异常情况

新生儿大便有以下异常情况时，就要请医生诊治。

（1）蛋花汤样大便。每天大便5～10次，可含有较多未消化的奶块，一般无黏液，表示消化不良，多见于吃牛奶或奶粉的新生儿。如为母乳喂养则应继续用母乳喂养，一般不必改变喂养方式，也不必减少奶量及次数，多能自然恢复正常；如为混合喂养或人工喂养，仍应继续喂养，但可适当调整饮食结构，也可适当减少每次的喂奶量。

（2）水样便。多见于秋季和冬季，多由肠道病毒感染引起。新生儿大便次数多在每天10次以上，呈水样，量较多。由于婴儿缺失水分多，常常出现脱水表现，如口唇干燥、眼窝凹陷、眼泪少或无眼泪、小便少或无、皮肤弹性差等，新生儿还可出现精神不振、吐奶、不吃奶等表现，应及早就诊。

（3）黏液或脓血便。多为细菌感染引起，应及早就诊。

（4）深棕色泡沫状便。多见于人工喂养的新生儿，通过适当调整饮食结构多能恢复正常。

（5）油性大便。粪便呈淡黄色，液状，量多。这表示食物中脂肪过多，可能是脂肪消化不良，多见于人工喂养的新生儿，需要调整饮食结构。

（6）便秘。多见于人工喂养的新生儿，多为天热、出汗多而饮水又过少所致。新生儿排大便困难，大便很干，往往几天才大便一次，还可出现腹胀、不安等表现。

（7）大便为赤豆汤样。可能为出血性小肠炎，这种情况多发生于早产儿。

（8）大便黏液性，鼻涕状带血，多为痢疾。

新生儿大便异常，尤其是有脓血便、发高烧、严重脱水时，应及时到医院就诊。

七、新生儿的啼哭与处理

新生儿不具备说话能力，但有很多种需要，啼哭是其主要的表达方式。婴儿用这种特殊的语言与人们交流，表达自己的需要。母婴护理师要能通过婴儿的哭声发现婴儿的需要，并适当地做出反应。

引起婴儿啼哭的原因主要有两种，即生理性啼哭和病理性啼哭。

1. 生理性啼哭

可能的原因有饥饿、尿布湿了、吃进空气需要拍嗝、困了、胀气、太热、空气不好、身体不舒服、受环境过度刺激等。这些不同的原因却同等重要，无聊和寂寞给婴儿带来跟饥饿和胀气同等程度的难受。

婴儿啼哭的处理：

首先要及时响应。婴儿在啼哭的时候，应及时安抚。响应婴儿的啼哭并不会使他们养成坏习惯，照料者对婴儿的啼哭置之不理将破坏婴儿和照料者之间的信赖关系，而这种信赖是养育婴儿不可或缺的。

其次要满足婴儿的需要。根据婴儿的需要喂奶，及时更换尿布，抱起来拍嗝。对于胀气的婴儿，可以将婴儿面朝下横放在照料者的大腿上，轻轻地揉或拍婴儿的背等。

最后要找到适合婴儿的放松方法，例如，为婴儿做抚触、哼歌、播放轻柔的音乐、把婴儿抱在怀里四处走动、换一个安静的环境、把婴儿竖抱起来趴在照料者的肩膀上、抱婴儿贴近照料者的心脏等方法。

2. 病理性啼哭

要学会辨别婴儿异常的啼哭，根据情况及时就医。

婴儿的病理性啼哭共分以下几种：

(1) 阵发性剧哭。一阵阵发作的剧烈哭闹，发作的间隔时间长短不一，每次发作的持续时间也长短不一，常伴有躁动不安。由于间歇哭闹，容易误认为是婴儿发脾气闹人，忽视了疾病的可能。当发生阵发性剧哭时可能是急腹症，应及时就医。如婴儿表现阵发性剧哭，双腿蜷曲，2～3 分钟后又一切正常，但精神不振，间歇 10～15 分钟后再次啼哭，若伴有呕吐，应立即就医。

(2) 突发尖叫啼哭。其特点是哭声直，音调高，单调而无回声，哭声来得急，消失得快，即哭声突来突止，容易被认为是受惊吓或做噩梦。突发尖叫啼哭可能是头痛的表达，是一种危险信号。

(3) 连续短促的急哭。其特点是哭声低、短、急，连续而带急迫感，好像透不过气来，同时伴有痛苦挣扎的表情。这是缺氧的信号。当出现此种啼哭时，应解开婴儿的衣领、裤带及各种束带，垫高肩部，使头略向后仰，颈部伸直，切勿紧紧抱着婴儿。

(4) 呻吟。呻吟和啼哭有所不同，婴儿呻吟不带有情绪和要求，似哭又似微弱的“哼哼”声，表现无助的低声哭泣是疾病严重的表露，应尽快就医。

(5) 婴儿夜间睡眠不安。如同受惊吓一般，哭一会儿，睡一会儿，睡得很不安宁，也要查明原因，不可忽视。

八、新生儿的三浴方法

三浴是指水浴、阳光浴、空气浴，是新生儿保健最基本的方法，具有方便、实用、简单、易操作等特点。科学的三浴可以刺激皮肤，调整内脏功能，增强新生儿的抵抗力。

1. 婴儿的皮肤特点和功能

(1) 皮肤是人体感觉痛、温、触、压等刺激的感受器，除具备感觉功能外还有防御、排泄、调节体温和吸收功能，其制造维生素D的功能更是其他器官不可替代的。

(2) 婴儿期皮肤薄嫩，适应外界能力差，需要加强锻炼，使之适应生长快、新陈代谢旺盛的身体特点。

(3) 婴儿皮肤内血管丰富，有大量的神经末梢可以感知外界的各种刺激，应多带婴儿进行户外活动，使之适应自然环境的变化，减少疾病的发生。

2. 三浴的作用

(1) 三浴可使婴儿在与空气、阳光的接触中增强呼吸道黏膜、皮肤及神经系统对外界刺激的适应能力。加上一定量的运动和游戏，可达到增加婴儿肺活量、促进血液循环、增进食欲、锻炼神经肌肉的协调性、改善体温调节功能等目的。

(2) 三浴可以提高婴儿神经和心血管系统反应的灵敏度，增强体温调节功能，以适应气温变化，增强对寒冷的适应性。同时还可增强皮肤的呼吸作用，从新鲜空气中吸入较多的氧气，抑制一些细菌的生长，防止感冒。

3. 三浴的方法

(1) 日光浴。日光浴就是晒太阳，应尽量使皮肤裸露，先晒背部和四肢，再晒胸部和腹部，但不要让日光直接照晒眼睛和头部，可用白色遮阳帽遮盖头部和眼睛。夏季应在上午8—9时或下午4—6时进行，冬季应在上午11时到下午2时进行，春秋季无明显时间限制。最好在无大风、气温不低于22摄氏度时抱出户外。当气温低于22摄氏度时，可在向阳的房间，将玻璃窗打开，抱着婴儿坐在窗前晒太阳；当气温高于33摄氏度时，可以在阴凉的地方间接地接受散射或反射的阳光，当户外气温过低或过高时不要让新生儿裸露。

（2）空气浴。带婴儿每天到户外活动1～2次（天气异常时除外），室外气温不要低于15摄氏度，无风或微风，在新生儿吃完奶后1～1.5小时，可以抱着到户外。衣着适量，尽量让皮肤接触外面的空气。冬季进行空气浴时，注意保暖，有太阳时可让新生儿在向阳处呆20分钟左右。

在户外进行空气浴时，可以边走边和新生儿慢慢说话，反复的语言刺激对今后的口头表达将会打下良好的语言基础。

（3）水浴。这是让新生儿全身在水中的一种体育运动。水量以新生儿半卧浴盆时水刚好浸没锁骨为宜，水温36～38摄氏度。同时用相同水温的温水不断冲洗四肢和身躯，时间以10～15分钟为宜。

4. 三浴锻炼的注意事项

注意根据季节变化和婴儿的身体情况安排三浴锻炼。要因人而异，不可生搬硬套。

5. 新生儿游泳

游泳也是水浴的一种形式，新生儿早期在体重下降期间，不主张进行新生儿的游泳活动。

九、给新生儿洗澡的方法

新生儿洗澡是水浴的一种。新生儿洗澡的目的是使新生儿舒适，皮肤清洁，促进血液循环，协助皮肤排泄和散热，活动新生儿肢体，并可观察全身皮肤情况。一般采用盆浴法。

1. 洗澡前的准备

（1）物品准备。准备好浴盆、水温计、大毛巾、小面巾、浴巾、干净衣服、尿布、75%

乙醇、棉签，放在伸手可及的地方。

（2）调节室温。室温以 24～28 摄氏度为宜，关闭门窗。

（3）调节水温。倒水时应先放凉水，后加热水，以免烫伤新生儿，水温 38～40 摄氏度为宜，以肘部内侧试水不烫为宜，也可用水温计测量。

（4）调节水量。浴盆内盛 2/3 盆水量，为了安全，婴儿身体的大部分都要保持在水面以上。

2. 新生儿洗澡的步骤

为新生儿脱衣，保留尿布，用大毛巾包裹新生儿全身。

第一步，洗面部。用小面巾擦洗，从内眼角向外眼角擦拭，更换毛巾部位擦拭另侧，同法擦洗耳朵。然后洗脸（额部→鼻翼→面部→下颌），鼻腔有分泌物可用棉签清洁，擦干脸部（见图 7—37 至图 7—42）。

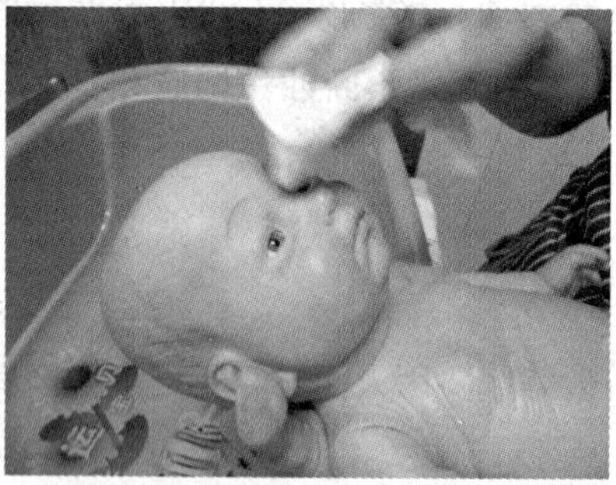

图 7—37　擦洗内眼角

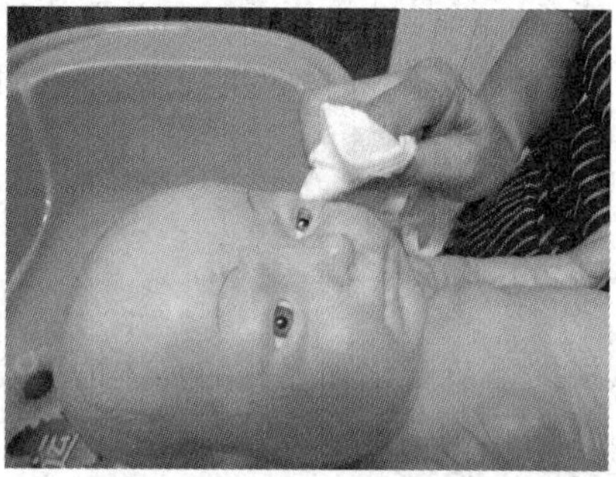

图 7—38　擦洗外眼角

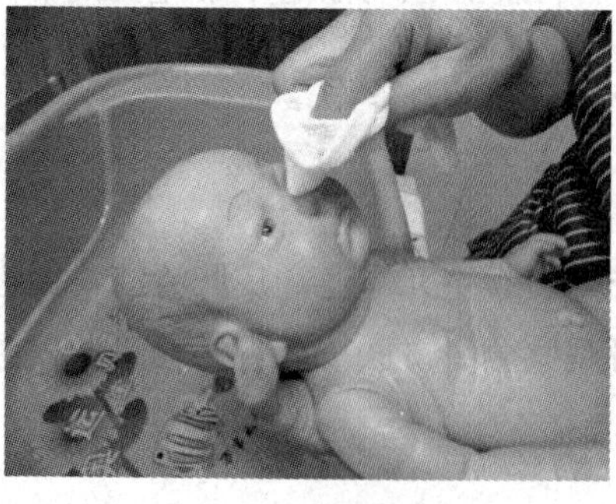

图 7—39　擦洗鼻翼

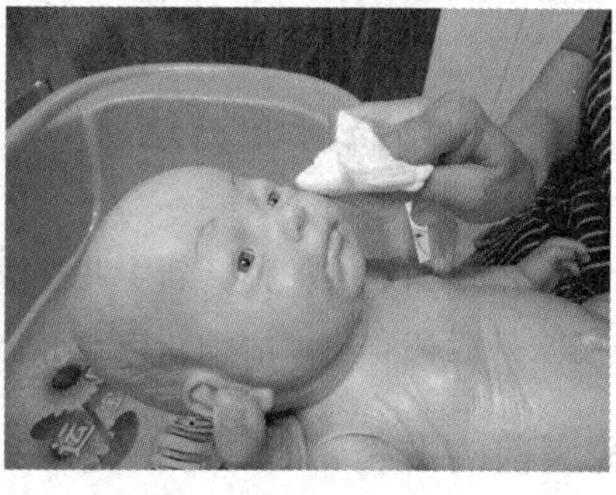

图 7—40　擦洗面部

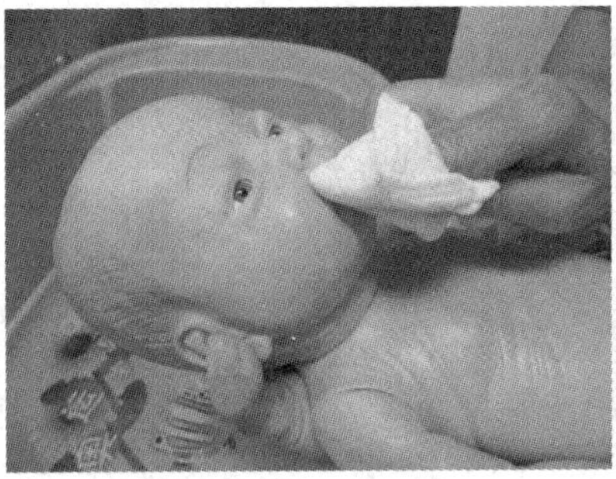

图 7—41　擦洗嘴角

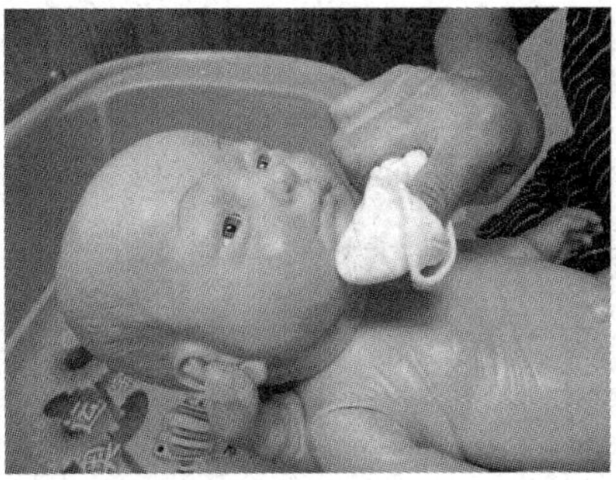

图 7—42　擦洗下颌

第二步，抱起新生儿，用左手掌托住枕部，左臂及腋下夹住新生儿身体，左手拇指与中指分别堵住外耳道口，右手用柔软的毛巾擦洗头发，并轻轻按摩婴儿整个头部。然后擦洗颈部、耳后，最后用清水冲洗，用大毛巾擦干头部（见图 7—43）。

第三步，解开大毛巾，去掉尿布，以左手掌、手指握住新生儿左肩及腋窝处，使头颈部枕于前臂，用右手握住新生儿左大腿，使其臀部位于右手掌上，先将新生儿双脚或双腿轻轻放入水中，再逐渐让水慢慢浸没臀部（见图 7—44）。

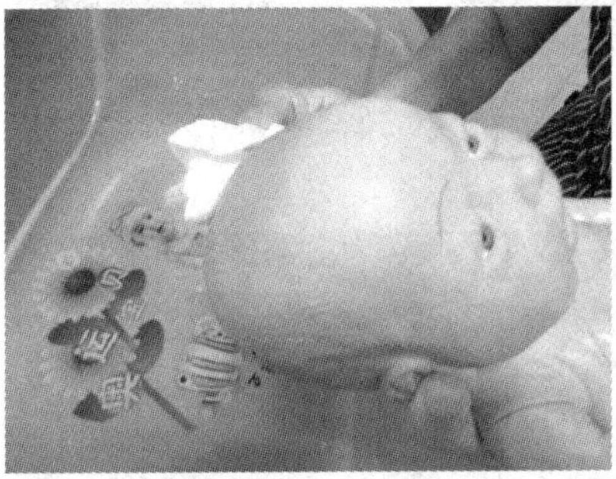

图 7—43　擦洗头部

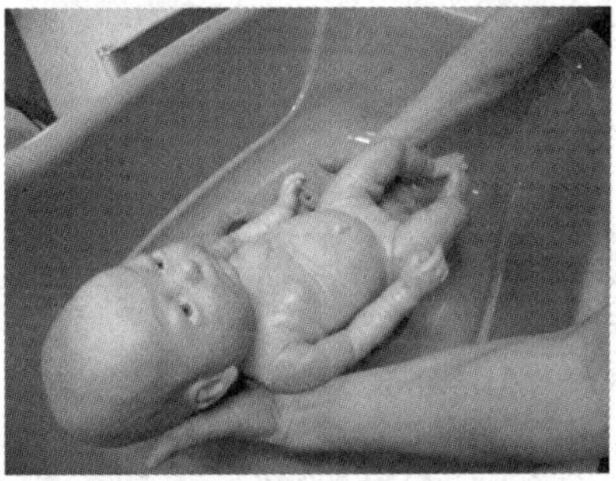

图 7—44　放婴儿入水

第四步，松开右手，用右手依次清洗颈下、前胸、腹、腋下、臂、手、腹股沟、腿、脚。注意观察皮肤情况，洗净皱褶处，如颈部、腹股沟、手足指缝等（见图 7—45 至图 7—53）。

第五步，使头颈部枕于左前臂，用右手手指、手掌握住新生儿的头颈部、前胸。翻转新生儿，使新生儿趴在左前臂上（见图 7—54）。

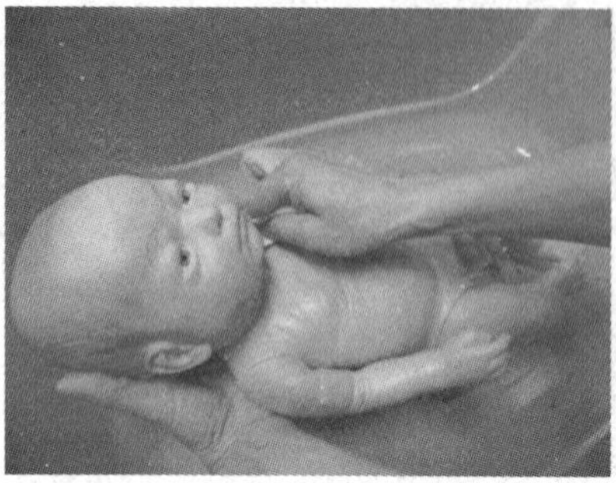

图 7—45　擦洗颈下

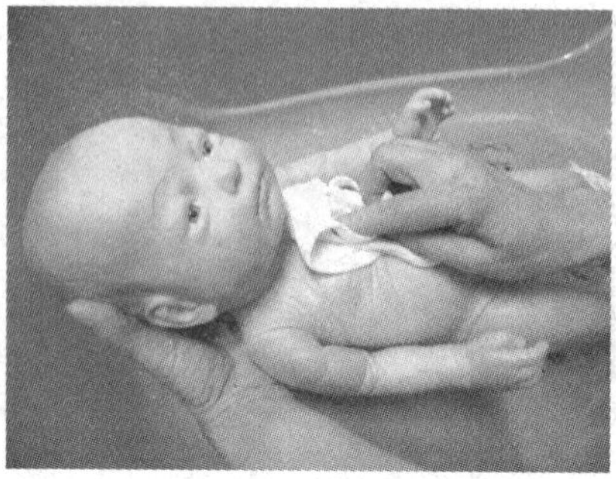

图 7—46　擦洗前胸

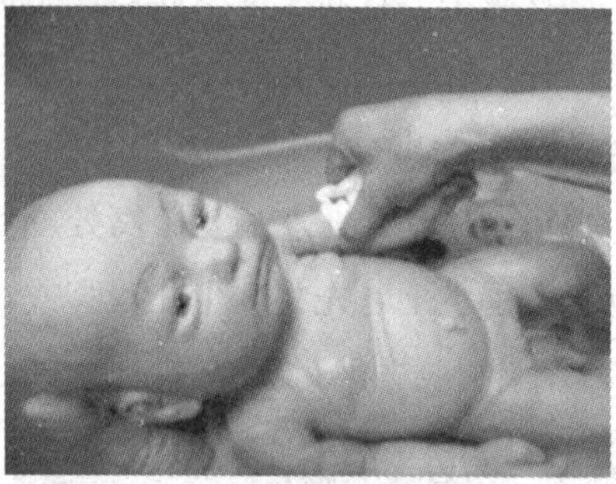

图 7—47　擦洗上肢

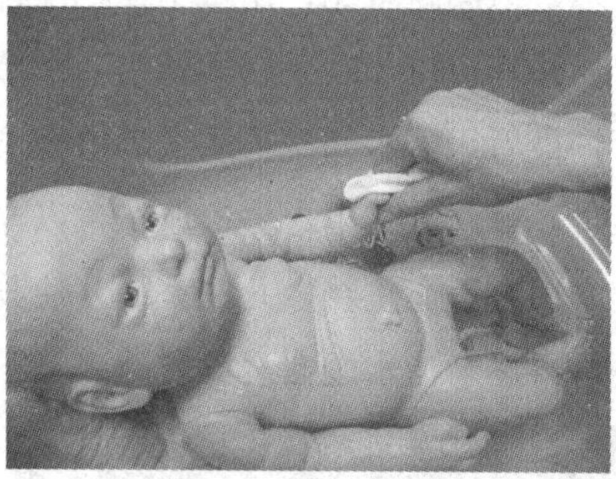

图 7—48　擦洗手背

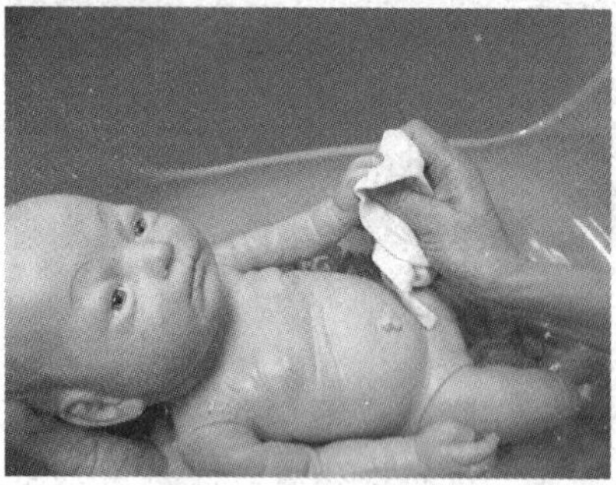

图 7—49　擦洗手心

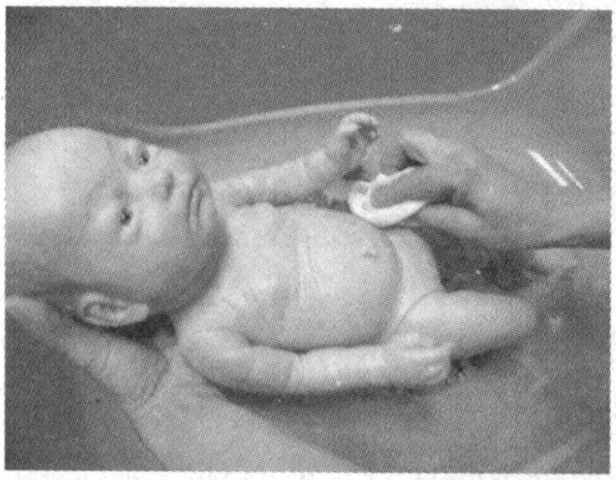

图 7—50　擦洗腹股沟

第六步，松开右手，用右手依次清洗后背、腰部、臀部、会阴、肛门（见图 7—55 至图 7—58）。

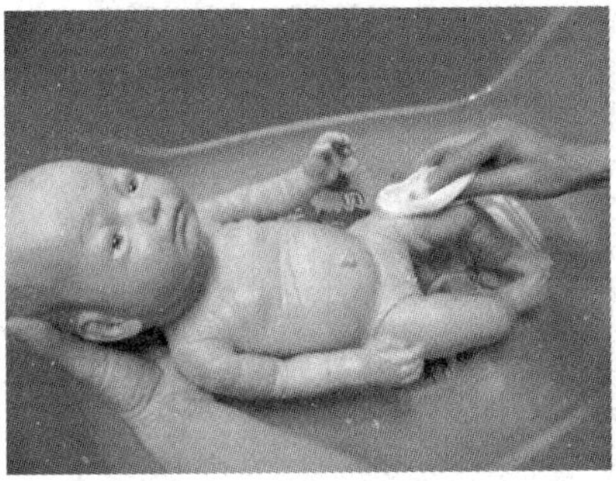

图 7—51　擦洗下肢

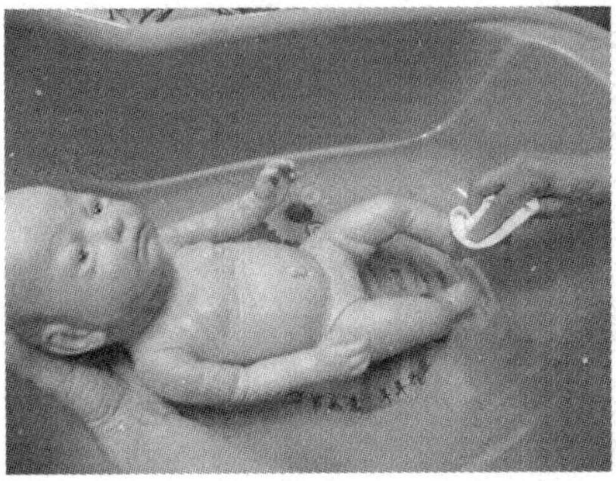

图 7—52　擦洗脚背

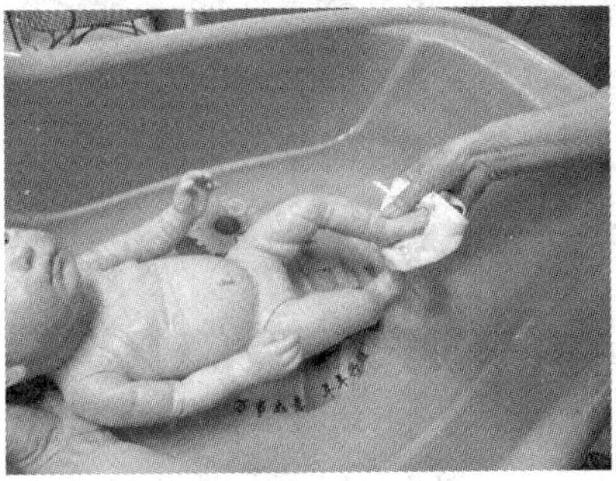

图 7—53　擦洗脚心

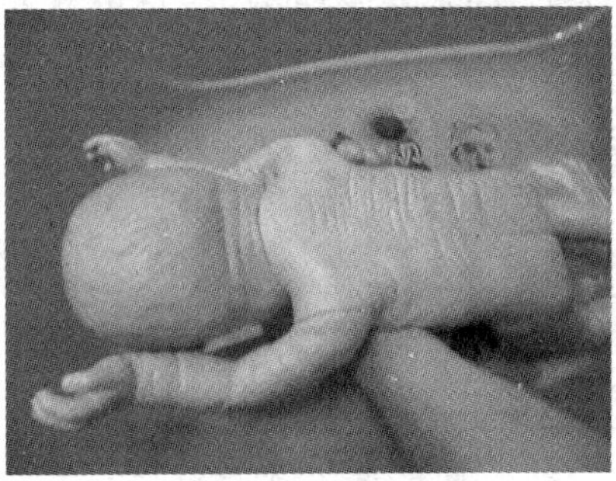

图 7—54　翻身

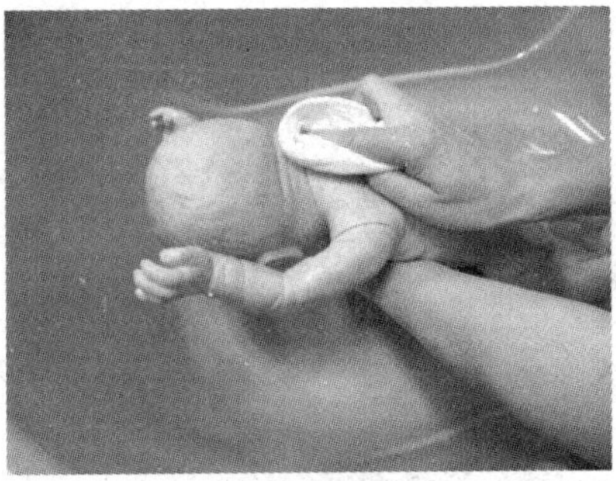

图 7—55　擦洗后背

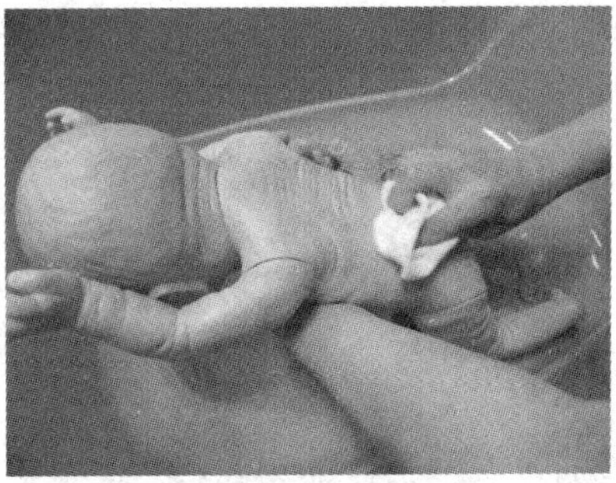

图 7—56　擦洗腰部

第七步，用右手手指、手掌握住新生儿的头颈部、后背，以左手掌、手指握住新生儿左肩及腋窝处（见图 7—59），翻转新生儿（见图 7—60）。

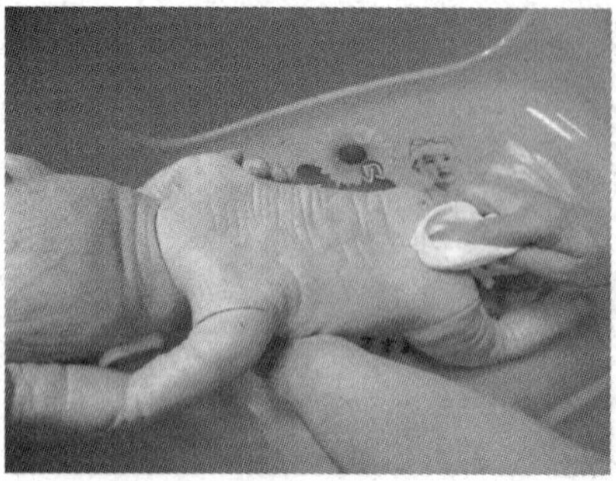

图 7—57 擦洗臀部

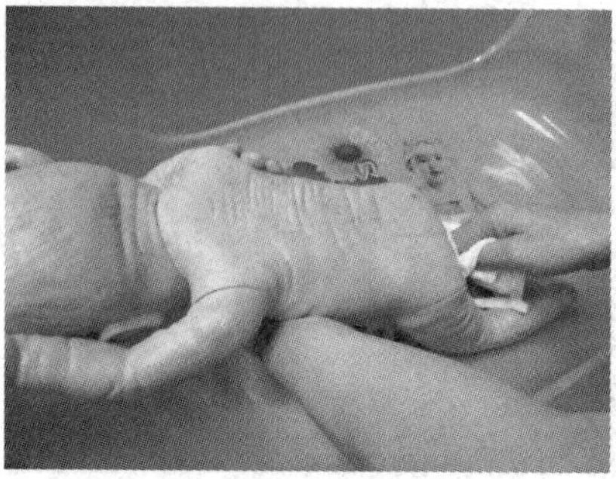

图 7—58 擦洗会阴

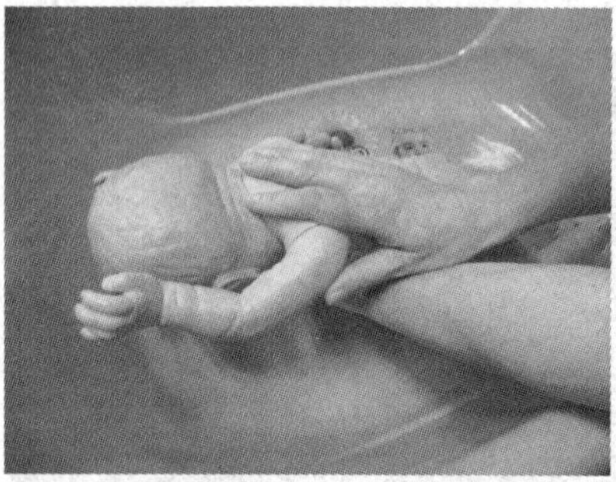

图 7—59 握住婴儿

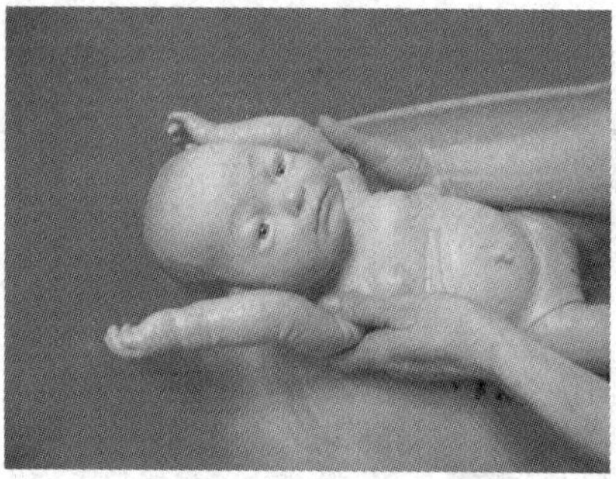

图 7—60 翻转婴儿

第八步，洗完后，双手托住头颈部和臀部将新生儿抱出浴盆（见图 7—61），放在干浴巾上迅速擦干身上水分，用浴巾包裹新生儿（见图 7—62）。检查全身各部位，若发现异常，如皮肤红肿、糜烂等感染灶应及时处理。

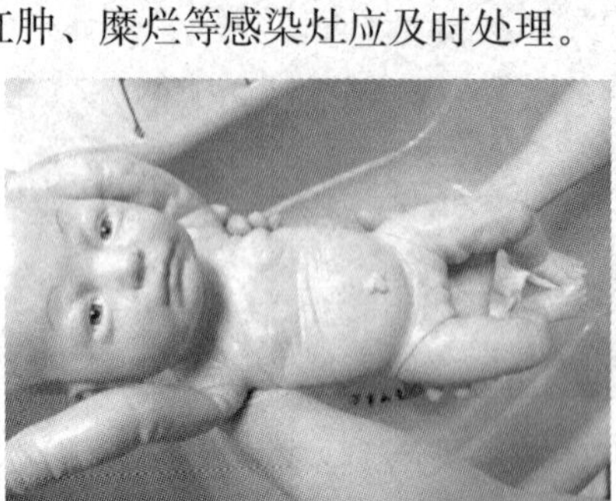

图 7—61 抱出婴儿

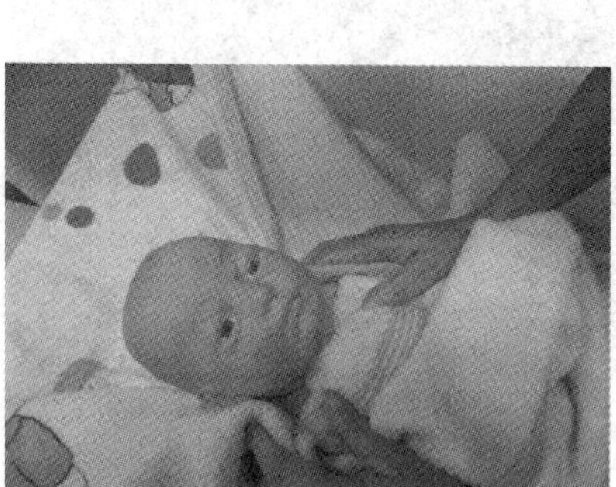

图 7—62 擦干水分

第九步，用蘸有 75%酒精的消毒棉签清洁脐部。

第十步，穿好衣服，包好尿布。

3. 洗澡的注意事项

(1) 应在喂奶后 1 小时进行洗澡，以防止呕吐或溢奶。

(2) 洗澡时注意保暖，减少暴露，动作轻柔敏捷。

(3) 保证不让水进入新生儿耳内、眼内。

(4) 洗澡时间不宜过长，以 10 分钟左右为宜。

(5) 洗澡时，应保持微笑，并和新生儿说话，增加感情交流。

(6) 洗澡时，应注意观察新生儿是否有异常情况发生，早发现问题早处理。

十、新生儿的体温、身长和体重测量

1. 体温测量方法

新生儿期应该注意监测体温，每日不少于 2 次。新生儿体温调节中枢尚未十分完善，体温受外界环境影响较大。

先将体温计水银柱甩到 35 摄氏度以下，然后把体温表表头放在新生儿腋下，用手轻轻压住新生儿上臂使其将表夹紧，测量时间为 5～10 分钟。

取出后旋转表身见到水银柱，再看刻度，读出刻度数。正常新生儿体温在 36.5～37.5 摄氏度。

由于新生儿测量体温时间长，用普通玻璃体温计如果不小心碎了，收集汞很困难，潜在危害大，建议不用此种体温计，最好用电子体温计。

2. 身长测量方法

(1) 测量前脱去鞋袜，尽可能穿单衣单裤。

(2) 测量时让新生儿仰卧，双眼直视正上方，头和肩胛、臀、双足跟贴紧测量板，双膝由测量人员压平。

（3）测量人员读取头顶垂直延长线正对的数值。

（4）每次测量时要连续测三次，用两个相近的数字的平均数作为记录数字，并记录到小数点后一位。

说明：新生儿出生时身长平均为 50 厘米左右，1～6 个月内增长 16～17 厘米，平均每月增长 2.5 厘米。一般来说，每月增长 1 厘米左右。在身长增长的幅度上，每个新生儿的差别比较大，偏差 30％都属于正常范围。

3. 体重测量方法

（1）测量前排空大小便。

（2）测量时应去除鞋帽、衣服。

注意事项：在室温适宜、不会着凉的情况下，尽量脱去衣服，只留短裤；如果不能脱去衣服，在计算体重时应减去衣服重量。

（3）每次测量体重时要连续测三次，用两个相近数字的平均数作为记录数字，并记录到小数点后两位。

（4）定期测量体重可以绘成体重增长曲线，便于比较和了解体重是否正常。

说明：新生儿出生时平均体重为 3 000 克左右，满月时体重至少应增加 600 克，6 个月时的体重是出生时的 2 倍，1 岁时的体重应增长为出生时的 3 倍，2 岁时体重增长为出生时的 4 倍。

十一、新生儿喂药的方法

由于新生儿的味觉尚未发育成熟，所以对于吃进的各种饮食味道不太敏感，可以把药研成细粉溶于温水中喂服。

（1）药物无论是片剂还是粉剂，都要用温开水溶为液体状服用。

（2）喂药时将婴儿抱于怀中，托起头部呈半卧位，用左手拇指、食指轻轻按压小儿下颌，迫使婴儿张嘴，然后将液面接触新生儿的嘴唇，新生儿就会主动吸吮。但要注意，不要用捏鼻的方法使婴儿张嘴，也不宜将药物直接倒入咽部，以免将药物吸入气管发生呛咳，甚而导致吸入性肺炎的发生。可将药放入奶瓶内喂服或用小勺缓慢从一侧嘴角喂入，切忌强行灌药，以免呛咳和误吸入气管内。

（3）病情较轻、情况较好时，可将药液放在奶瓶里让婴儿自己吮吸，但沾在奶瓶上的药应加少量开水涮净后再服下，以保证足够的药量。等婴儿把药全部咽下去后再喂少量糖水。

（4）使用滴管式喂药器给婴儿喂药时，要慢慢滴入，并要按吞咽的速度进行，第一管药服完后再滴第二管。如果发生呛咳应立即停止挤滴，并抱起患儿轻轻拍后背，严防药液呛入气管。

（5）喂药后不宜马上喂奶，以免引起呕吐。

给新生儿喂药时应注意不可将药和乳汁混在一起喂，因为两者混合后可能出现凝结现象，或者降低药物的治疗作用，甚至影响新生儿的食欲。

第八章 新生儿专业护理与保健

新生儿期是人的一生中发病率最高的时期，需加强新生儿的护理，预防新生儿疾病，促进新生儿的健康成长。母婴护理师入户之初，应主动询问有关新生儿从出生到出院时的一些情况，如出生日期、出生时情况等，也可直接要求看一下新生儿出院记录，从而了解新生儿的基本健康状况，以便进行有针对性的护理。要重视日常对新生儿的观察，每天观察新生儿的精神、哭声、面色、皮肤、吃奶情况、体温、大小便、睡眠及体重等，如有异常应警惕疾病的发生并及时跟家长沟通。

第一节　新生儿专业护理

一、新生儿脐带护理

母体通过脐静脉将营养物质传递给胎儿，又通过脐动脉将产生的废物传给母体，由母体排出体外。胎儿出生后，医生将脐带结扎，新生儿和母体正式“脱离关系”，成为独立的人。但是，残留在新生儿身上的脐带残端在愈合脱落前，对新生儿来说十分重要。因为脐带残端未完全闭合，有丰富的血液，是病原菌生长的好地方，如果处理不当，病菌就会趁机而入，细菌及其毒素进入脐血管的断口处并进入血液循环，这是细菌侵入新生儿体内的一个重要门户。新生儿免疫功能低下，轻者可造成脐炎，重者引起全身感染，往往导致败血症和脓毒血症。脐带护理是新生儿护理的重要内容之一。

脐带护理的要点如下：

1. 脐带残端检查

新生儿出生后应每天检查脐带残端，经常会渗出清亮的或淡黄色黏稠的液体。这是愈合中的脐带残端渗出的液体，属于正常现象。脐带自然脱落后，脐窝会有些潮湿，并有少许米汤样液体渗出，这是由于脐带脱落的表面还没有完全长好，肉芽组织里的液体渗出所致。如果肚脐的渗出液较多，有恶臭味，肚脐和周围皮肤发红，可能为脐带感染，要告知婴儿父母及时就医。

2. 脐部清洁

刚出生的新生儿，脐窝里经常渗出分泌物，要彻底清洁脐窝。每天使用蘸有75%酒精的消毒棉棒清洁脐部。在做脐部护理时，使用酒精消毒棉棒擦拭，要从内向外擦，不要从外向内擦，以避免将皮肤上的细菌带入脐带根部。脐带脱落后脐带根部仍可能有少量黏性分泌物，或者局部有些湿润，这是正常现象。

3. 保持脐部的干燥

脐带脱落前或刚脱落脐窝还没干燥时，一定要保证脐带和脐窝的干燥，因为即将脱落的脐带是一种坏死组织，很容易感染上细菌。所以，脐带一旦被水或被尿液浸湿，要马上用干棉球或干净柔软的纱布擦干，然后用酒精棉签消毒。

4. 脐带不脱落的护理

一般情况下，婴儿的脐带会慢慢变黑、变硬，1～2周脱落。如果婴儿的脐带2周后仍未脱落，要仔细观察脐带的情况，只要没有感染迹象，如没有红肿或化脓，没有大量液体从脐窝中渗出，可进行常规护理。每天2次用酒精给婴儿擦拭脐窝，使脐带残端保持干燥，加速脐带残端脱落和肚脐愈合。

5. 脐带脱落后的护理

一般在脐带脱落后8天内，应继续使用75%的酒精消毒脐窝直至完全愈合。

二、新生儿臀部护理

新生儿的臀部皮肤和其他部位一样娇嫩，无论是尿便，还是尿布上残存的洗衣液，都有可能刺激臀部皮肤而致臀红、尿布疹，应该引起注意。臀红是尿布疹的初期表现，要加强臀部护理，避免发生臀红。

护理要点如下：

（1）新生儿的尿布要选用透气性好的纯棉布或纸尿裤。

（2）新生儿使用纸尿裤时，一般 2～3 小时更换一次。换纸尿裤时可让臀部多晾一会儿，以保持干燥。大便后应及时更换纸尿裤，以免尿便刺激臀部皮肤发生臀红、尿布疹。处理方法为先用湿纸巾轻轻地将臀部的粪便擦拭干净。如果大便较多，就用清洁的温水清洗干净，然后涂擦护臀霜。涂擦时，应沿肛周放射状涂擦。

（3）每次大小便后及时更换尿布，新生儿大便后用温水冲洗臀部、拭干，以防尿布疹，小便后不需要冲洗。

（4）如新生儿是女婴，清洗臀部时应用水由前向后淋着洗，以免污水逆行进入阴道，引起感染。

（5）如发生轻度臀红，要保持臀部清洁、干燥，多在 22～24 摄氏度的室温下暴露，2～3 次/天，30 分钟/次。

三、新生儿黄疸处理

新生儿黄疸是指新生儿血清胆红素浓度过高而引起皮肤、巩膜（白眼球）等黄染的现象。新生儿黄疸较常见，其原因复杂，可分为生理性黄疸和病理性黄疸，严重者可导致胆红素脑病，常引起新生儿死亡或严重后遗症。

大部分新生儿生理性黄疸于出生后 2～3 天出现，4～6 天最重，10～14 天自然消退，也有少部分可持续 3～4 周，以早产儿多见。

1. 生理性黄疸的护理

新生儿黄疸一般很轻微，如果婴儿的精神很好，吃奶也正常，那么这属于正常的生理现象，不需要治疗，一般会自行消退。每日仔细观察新生儿巩膜（白眼球）、皮肤、黏膜、手脚心颜色变化以及新生儿精神状况、吃奶情况，并做好记录。发现异常及时通知家长。注意在自然光照下观察新生儿，以免因光照影响判断。如发现新生儿巩膜（白眼球）、皮肤或黏膜发生黄染，而睡眠及精神状态良好，吃奶正常，大小便正常，则鼓励产妇多增加母乳喂养的次数。经常让新生儿晒太阳，有利于生理性黄疸的消退。

2. 病理性黄疸的护理

如果新生儿的黄疸出现的时间早，在生理性黄疸减退后又重新出现而且颜色加深，同时伴有其他症状，如皮肤发黄，白眼球、泪水和尿液有时也呈黄色，新生儿精神倦怠、哭声无力，或者新生儿黄疸持续超过 4 周，应尽快去医院就诊。

四、新生儿眼、耳、鼻、口腔的护理

1. 眼部护理

新生儿出生后，由于产道的挤压和羊水的刺激，可出现眼睑水肿、眼珠发红等现象。刚出生时，医生会用眼药水做处理。在日常护理过程中，保持新生儿眼睛清洁很重要。清洗新生儿眼部时要洗干净双手，新生儿专用的小毛巾等物品一定要清洁。

（1）正常情况下新生儿眼部的护理：

新生儿的眼睛对强光很敏感，照相、摄像时要避免使用闪光灯。

新生儿晒太阳时，要注意遮住眼睛，避免强烈的阳光直射而刺伤眼睛。

要用专用的清洁毛巾和流动的水给新生儿洗脸和清洁眼部，由内眼角向外眼角擦洗，不要用手直接触摸新生儿的眼睛，以免病原菌侵入眼睛。

如果新生儿眼部有分泌物，根据医嘱点眼药。点眼药水时，应待新生儿睁开眼睛，眼药水瓶要离开眼睛一段距离，从眼角滴入。

（2）新生儿眼部炎症的护理。如果新生儿眼部症状比较严重，出现较多脓性分泌物，并伴有眼睑红肿、结膜充血，应该及时到医院就诊。

2. 耳朵护理

正常婴儿的外耳道干燥，无分泌物，不需要特殊的护理，更不能用棉棒挖外耳道。在给新生儿洗澡时，要防止水流进耳道。一旦有水流进外耳道，应擦净。当新生儿突然烦躁不安、哭闹、发烧时，应检查双侧耳朵，是否存在触痛和牵拉痛。如果存在可疑的症状，须及时到医院就诊。

3. 鼻腔护理

新生儿鼻腔短而小，鼻道窄，鼻黏膜内血管丰富，发育还未成熟。由于鼻腔比较窄小，当遇到外界环境改变的刺激、过冷或病原体进入时，很容易发生炎症。这个时候鼻腔内分泌物明显增多，鼻黏膜充血肿胀，使以前狭窄的鼻腔更为狭窄而导致鼻子不通气。新生儿就会出现鼻塞、张口呼吸和呼吸困难、情绪烦躁。

护理要点：

（1）经常检查鼻孔是否通畅，清除鼻孔内的分泌物，如有鼻痂可用母乳或温开水滴入鼻腔软化，用无菌小棉签卷出，操作时固定头部以免受伤；注意动作一定要轻柔，切勿用力过猛而损伤黏膜，造成鼻出血。如果新生儿鼻腔内没有分泌物，可是鼻子仍不通气，这可能是由于炎症使鼻黏膜充血肿胀造成的。遇到这种情况时，可使用温热毛巾局部湿敷，并及时就医。

（2）避免把新生儿放在特别松软的物体上，例如枕头、棉被、棉垫、包被或其他物品，婴儿的脸埋在这些物体上，可能遮盖新生儿口鼻腔，阻碍呼吸道畅通，造成窒息。

4. 口腔护理

新生儿的口腔非常光滑，又没有牙齿，食物的残渣无处滞留，且口腔内产生的大量唾液可起到清洗口腔的作用，所以新生儿的口腔一般不需要清洗。有些婴儿在出生后 4～6 周时，口腔上腭中线两侧和齿龈边缘出现一些黄白色或白色芝麻样的颗粒，很像是长出来的牙齿，俗称“马牙”或“板牙”，这不是真正的牙齿，也不是病态，医学上叫做上皮珠，上皮珠是由上皮细胞堆积而成的，是正常的生理现象，不是病。“马牙”不影响婴儿吃奶和乳牙的发育，它在出生后的数月内会逐渐脱落。

有人主张自行挑刺或处理，用力摩擦直至擦破流血。这种方法是错误的、不科学的、非常危险的。这样很容易损伤黏膜，造成口腔黏膜感染，引起炎症，甚至可以引起全身感染。更严重的可能引起新生儿败血症，危及婴儿生命。

五、新生儿手部护理

婴儿刚出生的前几周手指头很小，但指甲却长得很快，需要每周修剪1～2次。

1. 不宜戴手套

新生儿的手部动作较多，如果指甲较长会把脸抓伤。为避免抓伤脸部，有些家庭为新生儿戴上一双手套，这种做法的弊端较多。戴手套直接束缚了婴儿的双手，使手指活动受到限制，不利于触觉发育。毛巾手套或用其他棉织品做的手套，如里面的线头脱落，很容易缠住婴儿的手指，影响手指局部血液循环，如果发现不及时，有可能引起新生儿手指坏死而造成严重后果。

2. 修剪指甲

为避免新生儿把脸抓伤，应该定时为新生儿修剪指甲。给新生儿剪指甲应使用新生儿专用的指甲刀或剪刀，以防剪到婴儿的指尖。选在新生儿睡眠时或比较安静的时候小心仔细地修剪；剪指甲时一定要抓住新生儿的小手，避免婴儿因晃动手指而被剪刀碰伤，但指甲不要剪得过短，以免损伤甲床，引起甲沟炎，剪的时候应尽量使指甲圆滑，不应留有尖角，以免新生儿抓伤自己脸部。

六、新生儿接种后的护理

1. 预防接种疫苗

预防接种疫苗是新生儿预防保健的重要措施之一，出生后需要接种的疫苗有两种，一是卡介苗，二是乙型肝炎疫苗。

（1）卡介苗。卡介苗是一种用来预防儿童结核病的预防接种疫苗。卡介苗接种的主要对象是新生儿，接种后可预防儿童结核病，特别是能防止那些严重类型的结核病，如结核性脑膜炎。

1）接种目的。通过人工自动免疫，使新生儿体内产生抗体，防止结核菌感染。

2）接种时间。出生 24 小时后，在新生儿的左上臂三角肌中部皮内注射接种卡介苗。

3）注意事项。卡介苗接种后，会在左臂形成小脓包，有红肿的情况，要注意后期的局部反应，待 3 个月后去医院复查。

（2）乙型肝炎疫苗

1）接种目的。通过人工自动免疫，使新生儿体内产生抗体，防止乙肝病毒感染。

2）接种程序。全程接种 3 针，接种时间为 0 、1 、6 个月，即第一针在出生后 24 小时内尽早接种，第二针在第一针接种后 1 个月接种，第三针在第 1 针接种后 6 个月接种。6 个月接种完毕，间隔一个月可查抗体的情况。

3）注意事项。要记住乙肝疫苗后续两针的接种。

2. 预防接种疫苗后的反应与护理

新生儿接种疫苗后，绝大多数没有或者有很轻的反应。例如，注射部位出现红、肿、热、痛或局部淋巴结肿大，甚至出现发热、食欲减退、呕吐、腹痛等情况。一般都不需要治疗，只要给新生儿多喝些白开水，注意好好休息，经过 1～2 天后这些反应都会消失。预防接种后不要给新生儿洗澡，以免感染。如果接种后新生儿反应程度严重，如高热持续不退、注射局部出现化脓感染、食欲减退严重，则应到医院诊治。

(1) 局部反应。一般在接种后24小时左右出现，接种部位可出现红、肿，热、痛等现象，反应较重的可引起附近的淋巴结发炎。如果局部红肿较严重，应到医院就诊。

(2) 全身反应。首先表现为发烧，部分新生儿可能伴有寒战、呕吐、腹痛、腹泻等症状，以上反应一般多在24小时之内消退，很少持续3天以上。一般体温恢复正常后，其他症状也就自行消退。若有发热或其他异常反应，应及时到医院诊治。

七、新生儿心理的护理

很多人都认为照顾好新生儿只要是让婴儿吃好喝好就行，婴儿那么小，并不懂事，其实不然。新生儿也有心理需求、感情的需要，所以新生儿的心理护理也是非常必要的。

新生儿出生后就已有了感知觉，如能听到声音、能看见色彩鲜艳的玩具和人的脸，并能随声音、人的脸而转头，新生儿的味觉、皮肤的触觉也很敏感，通过良好的积极刺激，让新生儿有愉快的情绪，建立良好的安全感。

1. 多与婴儿对视

眼睛是心灵的窗户，婴儿大脑有上千亿的神经细胞渴望着从眼睛获取信息。被母亲多加关注的婴儿安静、易笑，易形成良好的性格。护理新生儿时，要较多地与新生儿对视交流。

2. 多与婴儿说话

耳朵是婴儿第二个心灵窗户。当婴儿清醒时，可轻轻呼唤婴儿的名字，并温柔地与其说话，经常听到母亲亲切的声音，会使婴儿感到安全、宁静。

3. 多给婴儿温柔的抚摸

皮肤是婴儿第三个心灵窗户。温柔的抚摸会使关爱的暖流通过父母的手默默地传递到婴儿的身体、大脑和心里，对婴儿智力及健康的心理发育起催化作用。

4. 周到的日常护理

周到的日常护理，如为新生儿及时更换尿布、勤洗澡、按需哺乳等，可以使婴儿获得生理上最大限度的满足，从而保持愉快的情绪。

另外，舒适的环境、丰富的营养、充足的睡眠，尤其是母乳喂养，对婴儿的大脑发育更是极其重要。

从婴儿出生，母爱就一直是婴儿成长最重要的因素。母亲参与照顾新生儿在心理护理中占有非常重要的作用，母婴护理师工作的真正意义在于给产妇合适的帮助，教会新手父母如何护理新生儿，让母亲有更多的精力和愉快的心情去和婴儿相处。

第二节　新生儿常见异常护理

一、新生儿异常的观察

新生儿由于身体器官及功能发育还不够完善，加之抵抗力差，常会受到病菌感染，所以容易患病，而且症状常不明显，容易被忽略，使病情延误。在日常护理中，母婴护理师要随时观察新生儿是否有异常，以便及时采取措施，并进行就医。

1. 监测体温

新生儿期应该注意监测体温，每日不少于 2 次。新生儿体温调节中枢尚未十分完善，体温受外界环境影响较大。

体温测试方法具体见本书第七章第二节标题十中的内容。

当新生儿保温过度，或者外部温度过高，或者新生儿进食水量过少，都有可能导致体温增高，因此，当新生儿体温超过正常时，要加强观察。

2. 精神状态

当新生儿有异常情况时，新生儿常表现为精神弱、眼神发呆、反应差，也有的新生儿表现为烦躁不安，这也是疾病的征兆。

3. 面色的变化

正常新生儿的面色是红润的，偶有口周稍微发青，并不一定有问题，但遇有面色发青或灰白、口周明显青紫时则可能生病了。

4. 吃奶情况

新生儿吃奶量每天各有差异，偶尔吃得少些，并非是什么疾病，只要精神好、睡眠好，就不必担心。假如突然不爱吃奶，或吸吮无力，这就要对新生儿进一步观察。

5. 对哭声的鉴别

突然剧烈用尖锐声音哭时，一般表明有疼痛感。如两腿紧缩剧烈啼哭时，多半是肚子痛。如哭声无力或呻吟说明有重病。如果哭声为高音调、短促、突然，应考虑到医院就诊。

6. 需立即就医的症状

婴儿表现出不健康状况时，留心预示疾病的症状非常重要，出现下列情况中的一种或几种，应到医院就诊。

（1）嘴角和面部的皮肤苍白或发青。

（2）发热38摄氏度或更高。

（3）身体松软或僵硬。

（4）眼睛发红充血，或有白色黏稠分泌物与睫毛黏在一起。

（5）嘴上有白色斑点。

（6）肚脐周围发红、发软。

（7）鼻塞，喂奶时呼吸困难。

（8）每天6～8次水样便。

（9）拒绝吃奶。

（10）哭闹时间比平常明显要长。

（11）大便带血。

二、新生儿产伤的护理

新生儿产伤是指在分娩过程中发生机械性或缺氧性损伤，主要包括头颅血肿和新生儿骨折。前者是指新生儿颅骨骨膜下血管破裂，血液积聚在骨膜下形成血肿；后者是指在分娩过程中阴道手术助产不当发生的骨折，常见肱骨、股骨或锁骨骨折。

头颅血肿的新生儿，头颅血肿吸收较慢，大约需 2～3 个月才能完全吸收。要禁止揉挤患儿局部，减少任何刺激。

骨折的新生儿患肢活动受到障碍，局部肿胀，有骨摩擦音。新生儿常因疼痛而啼哭。做好生活护理，保持患儿安静，骨折的患儿一定要体位舒适，夹板、绷带松紧度适宜，勿压迫伤处或牵动患肢。

注意穿衣服时先穿患侧，脱衣服时先脱健侧。

三、新生儿呕吐的护理

新生儿呕吐常常是严重疾病的早期表现，而频繁呕吐除了直接影响营养的吸收外，还可以产生脱水、酸中毒等代谢紊乱的症状，尤其是新生儿吐奶常常是吸入性肺炎和窒息的直接原因。因此，对于新生儿的呕吐，要加强护理和观察，明确呕吐病因至关重要。

对新生儿的呕吐，了解病史、生产史、是否吸入羊水、喂养史，以及胎便排出情况和其他伴发症状是非常重要的，应该注意新生儿的腹部，观察有无胃型、肠型、腹部肿块，并应仔细检查肛门。任何持续时间超过 12 小时的呕吐都有可能继发脱水或发热。一旦发生呕吐，应取侧卧位，以避免窒息的发生，同时应立即去医院就诊。

四、新生儿湿疹的护理

湿疹是一种过敏性皮肤疾病，与新生儿先天的体质有关。湿疹的病程较长，有时轻、有时重，容易复发。多见于吃牛奶的婴儿。出生不久的新生儿面部、头皮等部位出现一些皮疹，部分婴儿患部有渗出或者脱屑，严重者会发展成疱疹，破溃结痂。

湿疹护理的要点：

（1）患有湿疹的新生儿，特别是渗出较多的湿疹，不要过多清洗患部。洗浴用水应该以温水为宜，不要用过热的水洗浴。给患有湿疹的新生儿洗浴时，不要使用肥皂，避免刺激湿疹的加重。

（2）对于患湿疹的新生儿不要乱用药物涂擦，特别是含有激素的药膏，以免产生不良反应。

（3）由于湿疹发生后，局部发痒用手搔抓，容易造成感染，因此要及时给新生儿剪指甲，以免抓破皮肤造成感染。

（4）注意饮食，由于湿疹发病多见于人工喂养的新生儿，牛奶中含有的异性蛋白可以造成新生儿过敏，导致湿疹的发生。

对母乳喂养的新生儿，应该指导哺乳产妇不要进食刺激性食物，以避免刺激物通过乳汁进入新生儿体内，由此增加湿疹发生的概率。

（5）如果新生儿皮肤很干燥，可以使用不含香料的婴儿润肤油。

（6）穿纯棉制品，少用肥皂、洗衣液等物品，以减小新生儿对上述物品过敏而引起湿疹的概率。

（7）环境的温度不要过高。

五、新生儿鹅口疮的护理

鹅口疮是由白色念珠菌感染引起的疾病，中医称之为“雪口症”，俗称“白口糊”。表现为口腔颊部、唇内、舌、上腭和咽部黏膜上黏附着乳白色斑点，严重时融合成片，擦去后则露出粗糙的潮红的黏膜。鹅口疮由白色念珠菌感染所引起，这种真菌有时也可在口腔中找到，新生儿病菌多来自母亲产道或污染的奶具，或者其他污染源。发现鹅口疮要及时就医，正确用药。

鹅口疮的护理：

1. 注意观察口腔

鹅口疮发生在新生儿的口腔内，呈白色凝乳状附在口腔黏膜上。因此需要经常观察新生儿口腔，特别是要将鹅口疮与新生儿吃奶后残留的奶液区分开来。

新生儿口腔中残留奶液一经喝水就漱清了，不再看到白色凝乳状物。若是鹅口疮，喝水后仍可见白色凝乳状物，而且用棉签擦拭后可见露出的粗糙潮红的黏膜。

2. 人工喂养需要清洁消毒奶具

喂养新生儿的奶具使用后，经煮沸消毒奶具，或者使用奶具消毒锅进行消毒。一定要清洗干净，不要留有残留物，以避免滋生细菌，污染奶具，进而感染到新生儿的口腔，造成鹅口疮。

六、新生儿消化不良的护理

由于新生儿胃肠道发育不够成熟，免疫功能差。新生儿喂养不当容易发生消化不良，如人工喂养中对牛奶过敏所致。另外，奶量增加太多或者突然从母乳喂养改为人工喂养，都可能引起胃肠道功能紊乱而导致消化不良。

1. 表现

新生儿大便次数增多，变稀或呈水样便，或者大便中含有奶瓣。

2. 防治与护理

（1）根本措施是预防。母乳喂养消化不良的发生率很低，需提倡并促成母乳喂养，母乳易于吸收，不易造成消化不良。

（2）用母乳喂养婴儿的产妇饮食要进行调整，吃清淡有营养的食物。

（3）人工喂养的婴儿，应注意喂养量。

（4）每次给新生儿喂奶后，都要对奶具用品进行消毒。

七、新生儿腹泻的护理

新生儿的胃肠道不成熟，如果受到感染，肠道黏膜受到了损伤，导致新生儿大便频繁、呈水样、绿色、有黏液，应及时就医。

腹泻的护理：

（1）母乳喂养的新生儿无须中断哺乳，继续母乳喂养。母乳没有刺激性，甚至还可能有药性，是腹泻新生儿唯一愿意吃或可能接受的食物。

（2）人工喂养的新生儿，可根据腹泻的严重程度及医生的建议，暂停配方奶粉。或采取少食多餐的方式，停喂配方奶期间，口服补盐液。

（3）保持臀部皮肤的清洁、干燥。为了减少肛门周围出现的红色疹子，每次换尿布时给新生儿涂抹护臀霜。

八、新生儿呼吸道感染的护理

新生儿的鼻腔短小，黏膜血管丰富，没有鼻毛，且抵抗力差。呼吸道感染由病毒引起，因新生儿出生时宫内感染或产道感染，出生后与呼吸道感染的人接触传染所致。感染后细菌容易侵入肺泡而患肺炎，严重时新生儿肺炎的临床表现大多不典型，不像大月龄的婴儿，呼吸道感染时表现出来典型的较重咳嗽和发烧，新生儿感染后，表现是低烧或者体温正常，甚至体温低于正常，所以不能以体温的高低来判断病情的轻重。要观察是否存在婴儿呼吸急促、口周发青、烦躁不安等症状。婴儿患呼吸道疾病后不会张口呼吸，鼻塞会使新生儿呼吸困难、哭闹烦躁或者反应淡漠，吃奶不好，容易呛奶。

预防与护理：

（1）新生儿时期注意室内温度保持适宜，注意通风换气，避免对流风。

（2）避免患有呼吸道感染的病人接触新生儿和产妇。

（3）很轻的呼吸道感染仅仅表现为轻微的流涕、鼻塞，可以正常哺乳。在鼻塞的情况下容易发生呛奶，要在哺乳前注意清理鼻道的分泌物，哺乳也应该掌握少食多餐的原则。

（4）要对呼吸道感染的症状有所了解，注意观察、及早发现，新生儿如果出现呼吸急促、口周发青等症状时及时到医院就诊。

九、新生儿脓疱疮的护理

新生儿脓疱疮是常见的由细菌感染所引起的化脓性皮肤病，新生儿皮肤娇嫩，角质层不完备，防御机能差，免疫功能不健全，抵御细菌的能力弱。在气候湿热、过度保暖、皮肤多汗浸渍的情况下，皮肤皱褶处，如手臂、下肢或尿布区，容易破损以致细菌侵入而发生脓疱疮。

新生儿出生后数小时可出现，多于出生后 4～10 天发病，表现为表皮内角质层下的大疱，多发生于头面部、颈部、耳后、腋下、臀部及皮肤皱褶处，严重时可遍布全身。初为点状红斑、小红色丘疹或表浅水疱，以后迅速扩大，直径可达 5 厘米，形成松弛性大疱。

脓疱疮的预防与护理：

（1）保证天天洗澡，保持皮肤清洁，在给新生儿洗澡的时候，要特别注意容易潮湿积垢的皱褶部皮肤，如颈部皱褶处，腋下、大腿根部皱褶处，腹部等部位。

（2）新生儿的贴身衣服勤换洗，而且要煮沸消毒，以免二次感染。

（3）防止交叉传染，凡患有化脓性皮肤病、鼻部带菌的人员或家属，均不能与新生儿接触。

（4）防止自身感染，由于脓疱疮内的脓液流出后很容易传染其他部位。发生了脓疱疮要遵照医嘱进行用药。

（5）新生儿脓疱疮感染速度较快，因此一旦发生了，应及时到医院就诊。

（6）居室环境的温度不要过高。

十、新生儿尿布疹的护理

新生儿全身皮肤娇嫩，臀部皮肤也同样经不起刺激。新生儿尿布疹是没有经常保持臀部皮肤的清洁干燥而造成的。臀部皮肤在尿布的摩擦和尿便刺激下，很容易发炎，局部皮肤除发红外还会出现皮疹或糜烂，叫尿布疹。新生儿臀部兜尿布的部位接触湿尿布的时间较长，大便、尿液均对皮肤有较强的刺激，加之新生儿皮肤柔嫩，很容易发生臀红，局部皮肤可出现红色小丘疹，严重时皮肤糜烂破溃，脱皮流水。

尿布疹的护理：

（1）新生儿出现尿布疹时不要使用爽身粉，因为爽身粉、汗水和疹子粘在一起更容易刺激婴儿的皮肤。

（2）新生儿大小便后及时更换尿布，要选择吸水性和透气性强的纯棉制品作尿布。大便后用清洁的温水清洗干净，然后可适当涂擦护臀霜。

（3）如发生轻度臀红，可将臀部暴露于阳光和空气中，局部保持干燥，每次暴露后涂擦护臀霜。

（4）按照医嘱配合相应的药物进行治疗。

第三节　新生儿意外伤害的防范与处理

一、烫伤防范与处理

烫伤是新生儿意外伤害中常见的一种，只要认真注意安全操作，应该是完全可以防范的。

1. 洗澡时的烫伤防范

给新生儿洗澡时，如果使用流动水，一定要控制好水温，大约 38 摄氏度左右。先用手肘内侧试水温，感觉不凉不烫才可。

如果使用洗澡盆，放水时应该先放凉水后放热水，不要抱着新生儿拿暖水壶，以免烫伤婴儿。

2. 使用热水袋时的烫伤防范

原则上，新生儿不必使用热水袋取暖，因为新生儿皮肤娇嫩，水温稍微掌握不好就可能发生烫伤。必须使用热水袋时，要灌入三分之二的温水，水温不宜超过 40 摄氏度，排出气体后，拧紧瓶塞，检查是否漏水。热水袋不可直接接触新生儿皮肤，要用毛巾或热水袋套将热水袋包起，避免蓄积的热度烫伤婴儿。

3. 发生烫伤的处理

不要急于脱去衣裤，首先应该立即用凉水冲，时间长短按当时烫伤情况定，烫伤轻微用凉水冲的时间短，烫伤重则用凉水冲的时间长。然后慢慢看清烫伤情况再轻柔地脱下衣裤。严重的要及时就医。

二、呛奶防范与处理

溢奶是新生儿时期常见的生理现象，与新生儿消化道解剖和生理特点相关。新生儿的胃呈水平状横位，与食道相接的口是贲门，贲门口括约肌发育比较差，胃的入口松、出口紧。因此，乳汁容易发生反流引起吐奶，乳汁呛入气管就造成呛奶。新生儿溢奶多为生理性的，呛奶也可因疾病引起，因此如果症状严重应该提醒产妇及时带婴儿到医院检查，避免贻误病情。

根据以上现象，喂奶后的护理和溢奶后的处理十分重要，应该按照操作原则进行。

（1）人工喂养的新生儿，喂奶时奶嘴开孔要适度，选择仿母乳奶嘴。一次喂奶量不宜过大，喂奶过程中奶瓶中的奶液应该完全充满奶嘴，避免同时吃进空气。喂奶后不宜过多变动新生儿体位，以免发生吐奶。喂奶后注意拍嗝。

（2）呛奶发生后不能等待，应进行紧急处理。

呛奶后新生儿表现出呼吸道不通畅、憋气、面色红紫、哭不出声。此时应立即将新生儿面朝下俯卧于产妇或护理者腿上，头低位。产妇或母婴护理师取坐位。然后用一手抱新生儿，另一手空心掌叩击新生儿背部（见图 8—1），以促使呛入的乳汁流出。

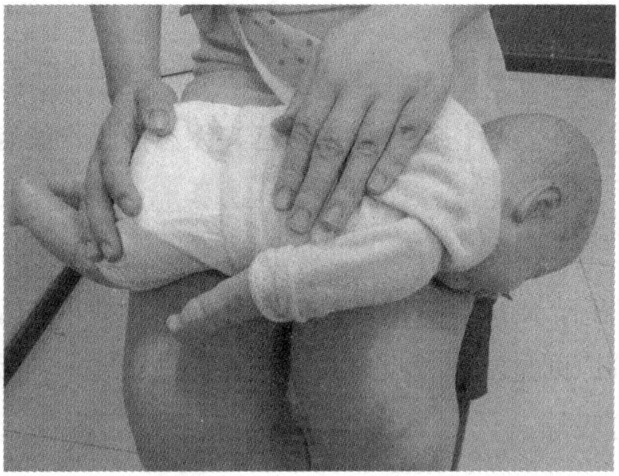

图 8—1　呛奶的处理

(3) 新生儿的体位要保持头低脚高位，新生儿呼吸道要保持平直顺畅，以利于呛入的乳汁流出。

(4) 采用弹足底的方法，促使婴儿哭出声来，憋气将得到缓解。

如果呛奶情况紧急，以上处理无效，则应该一边处理，一边紧急呼叫 120 急救车。

三、窒息防范与处理

新生儿窒息会造成大脑的损伤，甚至危及新生儿的生命，因此要严加防范。

1. 卧位母乳喂养的姿势要正确

母乳喂养采用卧位哺乳时，避免产妇的同侧胳膊搂抱新生儿的头部，以免新生儿的口鼻被堵时妨碍其头部后仰。

2. 新生儿口鼻周围避免软性物品

新生儿如果被棉被盖住了鼻子、毛巾盖住了鼻子等，软性物品会紧紧贴住口鼻而发生窒息，因此一定要防止软性物品堵住口鼻，防范意外窒息的发生。

3. 尽量避免新生儿趴睡

当新生儿单独趴睡时，一旦堵住了口鼻，自己又无力挣脱，就有可能发生窒息。

4. 窒息发生的紧急处理

如果在家庭中发生窒息，则应该按照窒息的紧急处理原则，一边紧急处理，一边联系医院急救车急救。紧急处理原则是清理呼吸道的分泌物，供氧气，刺激呼吸，可以采取弹足底的方法、口对口的人工呼吸等。

第九章 新生儿潜能开发

意大利教育家蒙台梭利说："儿童出生后三年的发展在其程度和重要性上超过儿童一生的任何阶段。"前苏联著名生理学家巴普洛夫也曾这样说过："婴儿生下来第三天开始教育就晚了三天。"现代医学证明，婴儿的教育甚至在出生前就已经开始了，由此可见，0～3岁是大脑迅速发育的关键时期，应抓住这个关键时期进行早期教育及潜能开发。只有遵循婴儿的身心发展规律、年龄特点、气质类型进行适当的潜能开发，才能起到事半功倍的效果。新生儿期的潜能开发主要通过抚触、被动操、说儿歌等方式，对新生儿进行听觉、视觉、触觉、平衡觉方面的丰富刺激，促进新生儿身心全面发展和各项潜能的开发。

第一节 新生儿发育评估

一、新生儿健康的十大标准

（1）新生儿降生后先啼哭数声，后开始用肺呼吸。出生后的前两周每分钟呼吸40～50次。

（2）新生儿的脉搏以每分钟120～140次为正常。

（3）新生儿的正常体重为2 500～3 999克。

（4）新生儿前两天大便呈黑绿色黏稠状，无气味。喂奶后逐渐转为金黄色或浅黄色。

（5）新生儿出生后24小时内应该排尿。

(6) 新生儿出生体温在37～37.5摄氏度为正常。

(7) 多数新生儿出生后第2～3天皮肤轻微发黄，若在出生后2～3周黄疸不退或加深为病态。

(8) 新生儿出生后有觅食、吸吮、伸舌、吞咽及拥抱等反射动作。

(9) 对新生儿照射光可引起眼睛的反射。自第二个月开始视线会追随活动的玩具。

(10) 出生后3～7天新生儿的听觉逐渐增强，听见响声可引起眨眼等动作。

二、新生儿评分法

新生儿评分又称Apgar评分法、阿氏评分法，是新生儿出生后立即检查其身体状况的标准评估方法。在新生儿出生后，根据皮肤颜色、心搏速率、呼吸、肌张力及运动、反射五项体征进行评分。

具体评分标准是：

1. 皮肤颜色

评估新生儿肺部血氧交换的情况。全身皮肤呈粉红色为2分，手脚末梢呈青紫色为1分，全身呈苍白色为0分。

2. 心搏速率

评估新生儿心脏跳动的强度和节律性。心搏有力大于100次/分钟为2分，心搏微弱小于100次/分钟为1分，听不到心音为0分。

3. 呼吸

评估新生儿呼吸中枢和肺脏的成熟度。呼吸规律为2分，呼吸节律不齐（如浅而不规则或急促费力）为1分，没有呼吸为0分。

4. 肌张力及运动

评估新生儿中枢反射及肌肉强健度。肌张力正常为2分，肌张力异常亢进或低下为1

分，肌张力松弛为0分。

5. 反射

评估新生儿对外界刺激的反应能力。刺激大声啼哭为2分，低声抽泣或皱眉为1分，毫无反应为0分。

以这五项体征为依据，满10分者为正常新生儿，评分在7分以下的新生儿考虑患有轻度窒息，评分在4分以下考虑患有重度窒息。大部分新生儿的评分多在7～10分，医生会根据新生儿的评分予以相应的处理。轻度窒息的新生儿一般经清理呼吸道、吸氧等措施后会很快好转，愈后良好。得分与新生儿罹病率及死亡率有密切关系。

三、新生儿的发育评估

可以通过以下几方面对新生儿发育做大致评估。

1. 外貌

外表的畸形，如头过大或过小；耳郭低而畸形，小下颏，短指，六指；特殊的相貌，如眼距宽、扁平鼻、大舌伸出口外；以及特殊的哭声等均是发育异常的外貌特征。

2. 怀孕天数和出生体重

如果怀孕周数超过37周，说明新生儿胎龄是足月的，如果怀孕周数在37周以下，则提示新生儿为早产儿。出生体重大于2 500克且小于4 000克属于正常新生儿体重，在此范围之外的体重一般认为是最低出生体重儿或者巨大儿。

3. 听力反应

现在通过新生儿听力筛查装置可以测定新生儿听力，早期预知新生儿是否有听力异常。父母可以直接与他（她）说话，看新生儿反应如何，如果有反应说明新生儿听力正常。

4. 视觉反应

新生儿期的视力检查可以将颜色鲜艳的红球放置在距离新生儿眼睛 20 厘米的地方，观察新生儿的眼睛是否注视着红球或紧跟着红球移动，或用类似手电筒的光线照射新生儿，看新生儿是否出现眨眼、皱眉等动作。如果反应良好，说明有视力。或者与新生儿面对面说话，如果新生儿用眼睛注视着说话的人，说明新生儿可能看见了与他说话的人。

5. 四肢活动情况

检查双上肢或双下肢是否活动对称，上下肢弹回动作是否迅速，手握持动作是否有力等。有些脑瘫的新生儿很早就出现四肢活动不对称、单侧肢体僵硬或者软瘫的症状，严重者出现全身瘫痪等。

四、早产儿发育评估

1. 生长发育

由于早产儿出生体重差异很大，如何评价他的生长发育以前是一件较难的事情。现在有早产儿生长发育曲线图，可以帮助我们作出正确评估。曲线图的横坐标是出生时的实际孕周。当婴儿生长达到产妇的预产期 40 孕周时，可以改用正常新生儿的生长发育曲线图。使用正常新生儿生长发育曲线图时，应注意采用矫正月龄进行评估。

矫正月龄＝出生后月龄－（40－出生时孕周）/4

例如，孕周只有 32 周的新生儿，现已出生 3 个月，他的矫正月龄＝3－（40－32）/4＝1 个月。这时可将婴儿的身高、体重和头围与正常新生儿生长曲线表中 1 月龄进行比较。矫正月龄使用到婴儿满 24 个月（2 岁）时。

2. 视听发育

在婴儿出院前，医院应对早产儿进行了第一次听力筛查。家长一定要向医生询问结果。

如果筛查没有通过，应根据医生的安排进行复查。若已通过筛查，家长也应注意婴儿对声音的反应。存在任何疑虑，都应再次进行听力筛查或诊断性评估。

早产儿视网膜血管发育不成熟，在血管进一步成熟过程中，在各种高危因素作用下，会使发育未成熟的视网膜血管收缩、闭塞，视网膜血管发育停止，视网膜缺氧而导致早产儿视网膜病。现已有明确规定，对出生体重小于1 500克的早产儿，于出生后4～6周进行早产儿视网膜病筛查。对于吸氧时间较长的新生儿，虽然体重大于2 000克，也应遵医嘱按时进行眼底的检查。发现问题及时治疗，可避免今后婴儿视力异常的出现或减轻异常程度。

3. 呼吸功能

对于支气管、肺发育不良的新生儿，应在医生指导下进行呼吸治疗。只有坚持治疗，才能改善婴儿今后的状况。

4. 行为发育

早产儿出生后脑发育过程中也会存在各种异常情况。定期请具有指导婴儿生长发育经验的医生检查，以便及时发现问题，及时进行早期干预和纠正。只要婴儿在出生后1个月内不存在脑出血、不存在先天性脑发育异常等遗传疾病或严重损伤性脑病，在定期接受医生的指导后，婴儿的行为发育与正常儿童间不应有明显差异。

5. 社交能力

由于婴儿是早产儿，家长对他会倍加爱护，不愿接触其他婴儿或成人，以避免呼吸道感染等。这样往往影响了新生儿社交能力的培养。良好的社交培养非常利于新生儿大脑的发育。

五、婴儿气质类型

婴儿的气质类型有九个相对稳定的维度，可以帮助我们更好地理解婴儿对周围环境的体验和反应。这九个维度分别是规律性、心境、持久性、适应性、反应强度、趋避性、活动性、敏感性、注意分散度。根据这九个维度可以归纳出三种气质类型（见表 9—1）。

表 9—1　　维度与气质类型

	规律性	心境	持久性	适应性	反应强度	趋避性	活动性	敏感性	注意分散度
容易抚育型	规律	积极	高或低	强	中等	接近	变动	高或低	变动
抚育困难型	不规律	烦躁	高或低	慢	强	逃避	变动	高或低	变动
发动缓慢型	形成慢	失落	高或低	慢	弱	起初逃避	低于正常	高或低	变动

第一种是容易抚育型。大多数婴儿属于这一类，约占 75%，他们吃、睡等生理活动有规律，节奏性强。他们容易适应新环境、容易接受新事物和不熟悉的人。他们总是情绪愉快，爱玩，对成人的招呼反应较强。他们容易受到成人极大的关怀与注意。

第二种是抚育困难型。这一类婴儿的比例较低，约占 10%。他们总是在哭，不易抚慰。进食时烦躁不安，睡眠不规律。对新刺激畏缩，接受变化难。他们的心情总是不好，在游戏中也不愉快。成人需要费很大力气才能使他们接受抚爱，由于成人的抚爱经常得不到正面反馈，成人与婴儿之间的关系往往较不密切。

第三种是发动缓慢型。这一类婴儿约占 15%。他们安静、退缩、对新事物适应缓慢。如果坚持与他们积极地接触，他们会逐渐培养起良好的反应。在没有压力的情况下，他们对新刺激会渐渐地产生兴趣，慢慢地活跃起来。

第二节　新生儿抚触

一、新生儿抚触的含义

新生儿抚触是通过让大量温和良好的刺激，通过皮肤的感受器官传到中枢神经系统，产生生理效应，以促进新生儿健康发育。抚触不是一种机械的按摩操作，而是对新生儿的安抚与交流，能够促进新生儿身心全面发展。

二、新生儿抚触的作用

1. 促进新生儿智力的发育

抚触可促进新生儿智力的发育，并且开始的时间越早，效果就越显著。因为大脑细胞增殖期为从妊娠期到新生儿期，脑的结构和功能具有可塑性，年龄越小，脑细胞的增殖和网络化发育越快，但必须在脑发育关键期内有良好适度的外环境刺激，而抚触通过皮肤这一最大的感觉器官给新生儿的发育以正向的刺激，可以有效促进新生儿大脑神经系统和智力的发育。

2. 促进新生儿情商的发展

抚触能够增加父母与婴儿之间的情感交流，也能满足新生儿渴望亲人爱抚、心理渴望亲人安慰的需求，有利于减少新生儿焦虑，使新生儿感觉安全、自信，进而养成独立、不依赖的个性。给新生儿进行抚触的时候通过皮肤接触，将听觉、视觉、触觉、平衡觉综合传递给新生儿，可以综合提高新生儿的情商与智商。

3. 可以改善睡眠，促进新生儿体格发育

抚触对于入睡困难、易惊醒、睡眠方式多变等睡眠障碍的新生儿有良好帮助，能够促进新生儿正常睡眠节律的建立。另外，抚触可以促进新生儿的生长发育，增进消化和吸收，增强新生儿的免疫系统功能。从新生儿期开始进行抚触，其体重和胸围增长都明显快于没有接受抚触的新生儿。

三、新生儿抚触的方法

1. 抚触的准备

（1）清洁双手。抚触者抚触时双手要干净、光滑，指甲要短，无倒刺，不戴首饰，以免

划伤婴儿的皮肤。应洗净双手后再把润肤露涂在手上，揉搓双手温暖后再进行抚触。心情放松，充满爱意。

（2）抚触时间。注意新生儿饥饿或进食后 1 小时内不宜做抚触，每天 1～2 次为佳，建议最好在洗澡后进行。

（3）调节室温。温度在 24～28 摄氏度为宜，避免婴儿着凉。

（4）背景音乐。在房间内可播放一些柔和的音乐，让母婴双方逐渐放松。

（5）物品准备。准备好毛巾、尿布及润肤油。

2. 抚触的顺序

抚触的顺序为眉心—前额—下颌—头部—胸部—腹部—上肢—手掌—下肢—脚掌—背部—骶部—臀部。

3. 抚触的步骤

动作要求：每个部位的动作重复 4～6 次。

（1）头面部。两拇指指腹从眉间向脸部两侧的方向抚触，两拇指从下颌部中央向两侧往上滑行。一手托头，用另一手的指腹从前额发际抚向脑后。换手，同法抚触另一半部（见图 9—1 至图 9—3）。

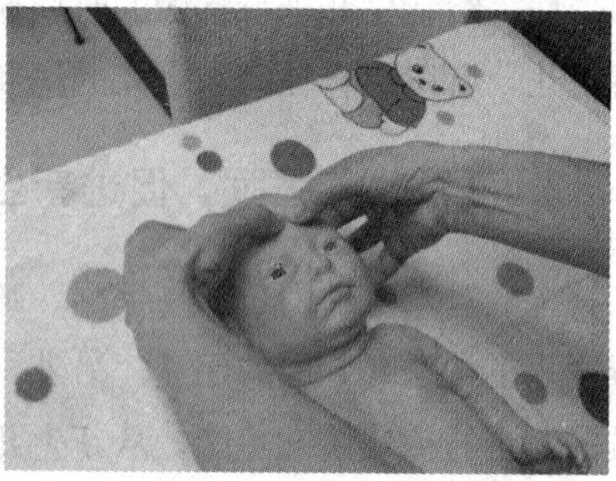

图 9—1　抚触眉心

（2）胸部。两手分别从胸部外下方（两侧肋下缘）向对侧上方交叉推进，至两侧肩部，在胸部划一个大的交叉，避开新生儿的乳头（见图 9—4）。

（3）腹部。两手依次从新生儿的右下腹至右上腹，再至左上腹向左下腹移动，再返回右下腹部，避开新生儿脐部和膀胱（见图 9—5），必须待一手抚触后，扶住新生儿同侧身体，然后另一手再进行抚触，两手交替进行。

（4）四肢。两手交替抓住婴儿的一侧上臂，从上臂至手腕轻轻滑行，在滑行过程中从近端向远端分段挤捏，对侧及双下肢做法相同（见图 9—6、图 9—7）。抚触上下肢时，注意要用另一只手扶住同侧的上下肢。建议抚触同侧上下肢后，再抚触另一侧。

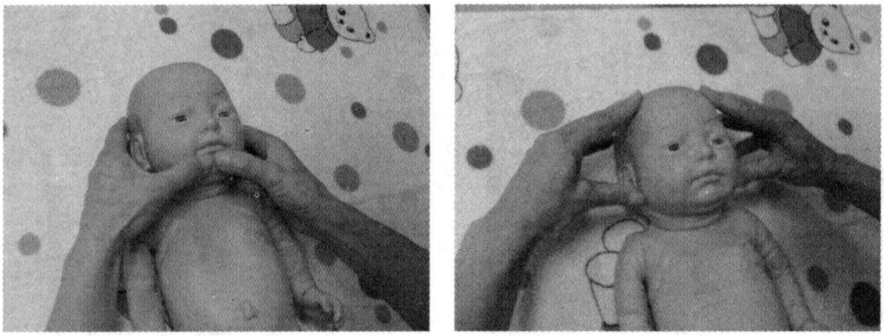

a) b)

图 9—2 抚触下颌

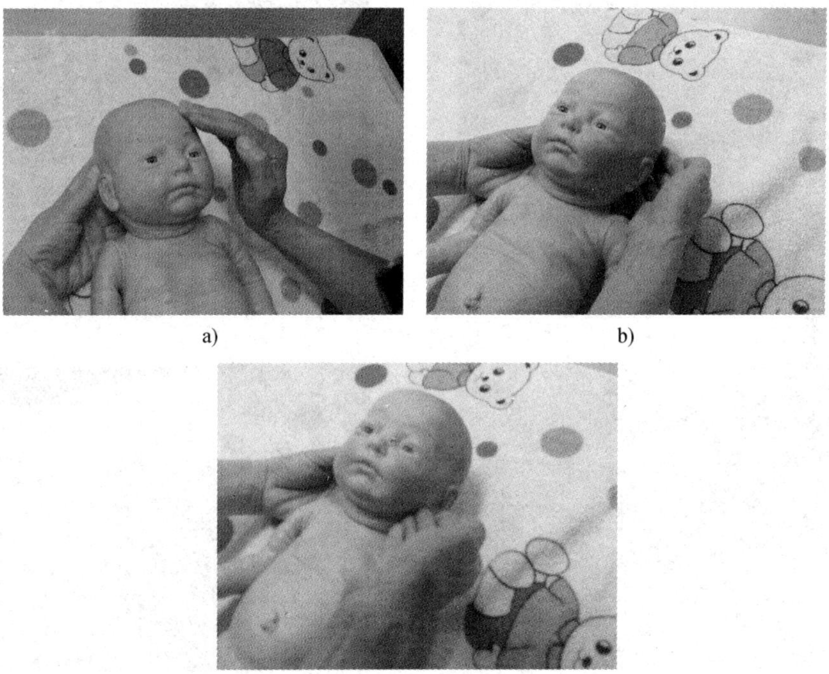

a) b) c)

图 9—3 抚触头部

（5）手和足。抚触者用四指指腹从婴儿脚面向婴儿脚趾方向推进，用拇指指腹从婴儿脚跟向婴儿脚趾方向推进，并抚触每个脚趾。手和足的抚触方法一样（见图 9—8 至图 9—10）。

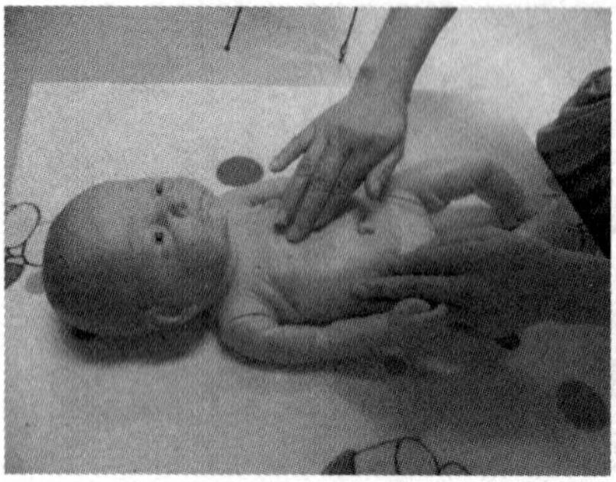

图 9—4 抚触胸部

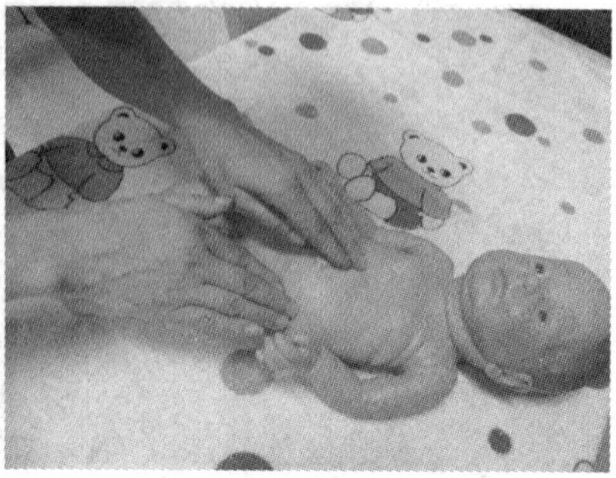

图 9—5 抚触腹部

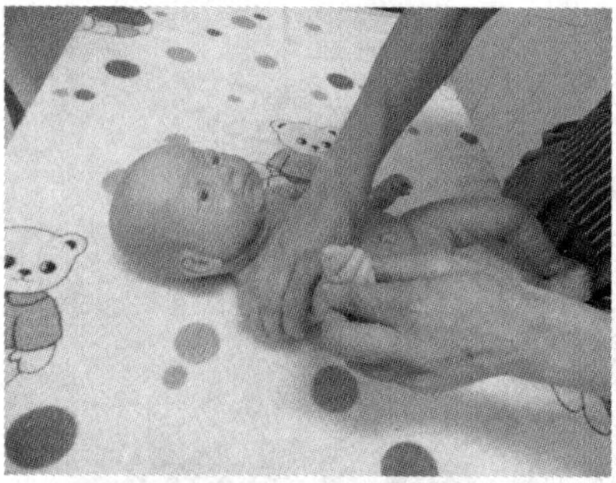

图 9—6 抚触上肢

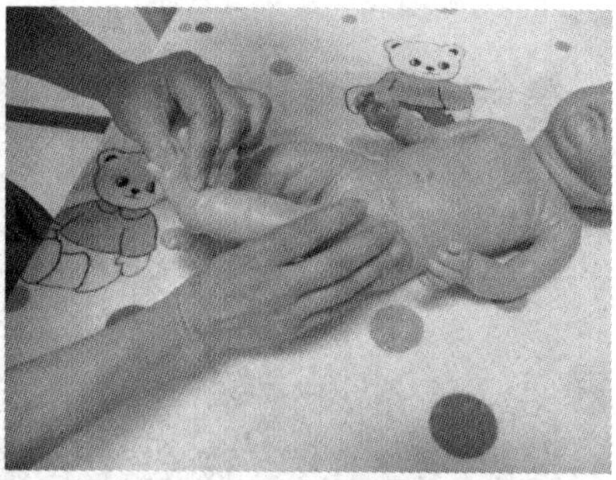

图 9—7 抚触下肢

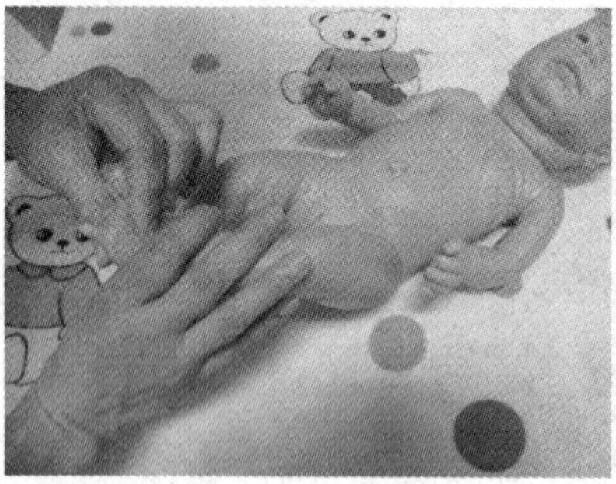

图 9—8 抚触脚面

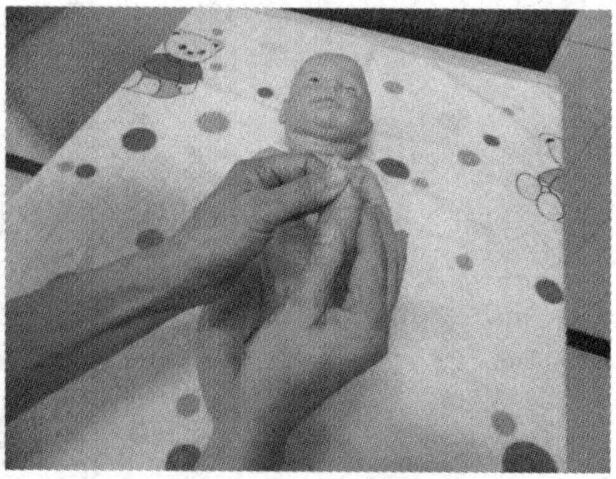

图 9—9 抚触脚心

建议抚触一侧肢体后先抚触同侧手和足，再抚触另一侧肢体。

（6）背部。新生儿俯卧，两上肢置于头部两侧，头偏向一侧。以脊柱为中分线，双手分别放在脊柱两侧，由中央向两侧滑动，往相反方向重复移动双手（见图 9—11）；然后从背部上端开始逐步向下渐至臀部；最后两手自脊柱上端向下抚触至骶部（见图 9—12）。

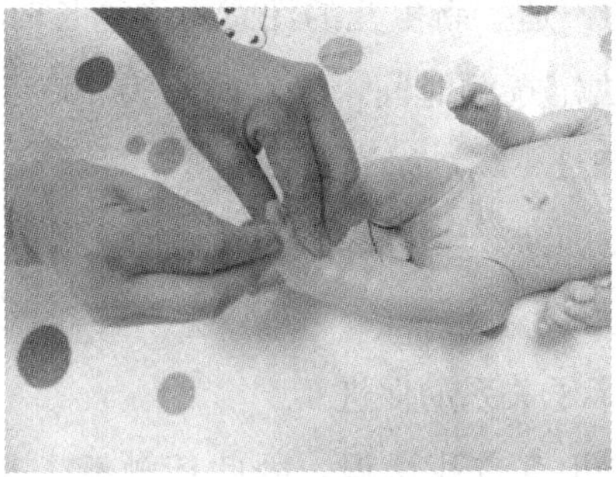

图 9—10　抚触脚趾

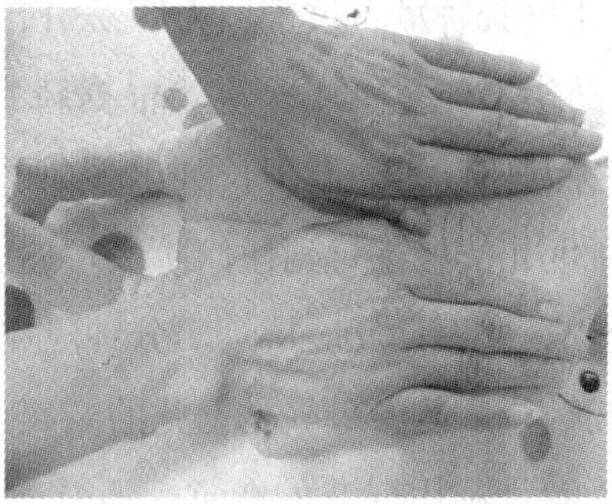

图 9—11　向两侧滑动

（7）臀部。新生儿俯卧，用双手指腹螺旋状抚触臀部（见图 9—13）。

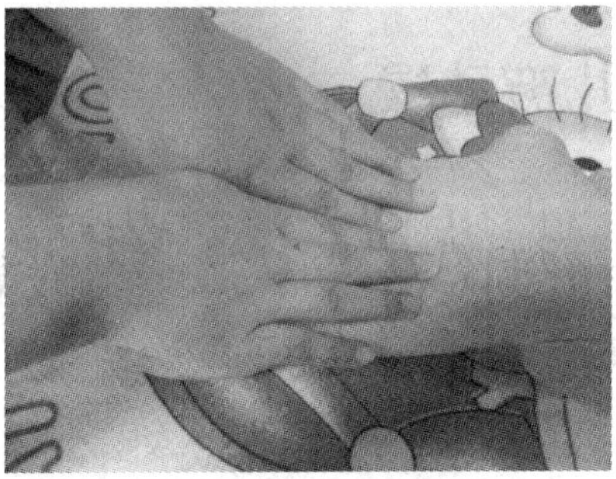

图 9—12　从上向下抚触

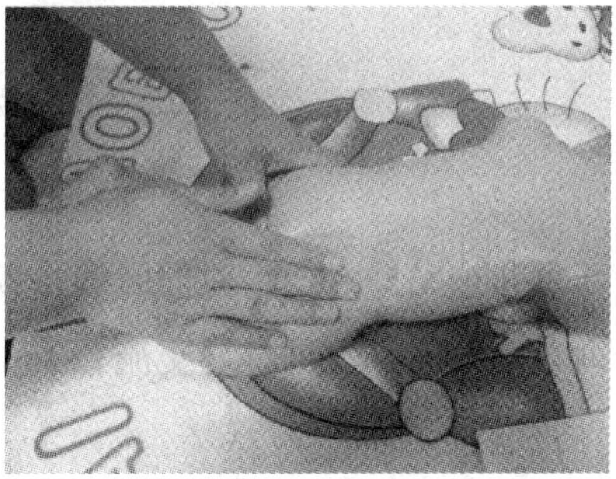

图 9—13　抚触臀部

四、新生儿抚触的注意事项

（1）抚触前要做好相应的准备。新生儿对外界环境还不是非常适应，皮肤也较为娇嫩。

（2）抚触的时间选择。不能选择在婴儿太饿或者太饱的时候进行抚触，也不能选择在婴儿疲倦的时候进行抚触，这样才能保证婴儿对抚触有一个良好的反馈。当婴儿在抚触当中情绪不佳的时候，应该马上停止抚触。

（3）抚触动作与时长。开始时动作要轻，然后逐渐增加压力，为新生儿抚触不可用力，因为新生儿皮肤娇嫩，过于用力容易引起新生儿的不适。新生儿的注意力不能长时间集中，每个抚摸动作不能重复太多次。根据新生儿状态决定抚触时间，一般时间为 10～15 分钟，先从 5 分钟开始，再逐渐延长到 15～20 分钟，每日 1～2 次为宜。

1）新生儿抚触进行到任何阶段，如出现哭闹、肌张力增强、兴奋性增加、肤色改变等，应暂停抚触，如不良反应持续 1 分钟应完全停止抚触。

2）抚触新生儿者最好是婴儿的亲属，有利于亲子关系的促进。

3）抚触是利用婴儿的触觉、听觉、视觉让婴儿有自我认识，因此抚触新生儿时，眼睛不可距离婴儿太远，别超过 20 厘米，并注意与婴儿交流等，用语言告诉新生儿抚触的部位。

第三节　新生儿被动操

通过新生儿被动操，适当地伸展婴儿各部位关节、肌肉，增加活动幅度，促进新生儿动作和肌肉力量的发展，促进母婴交流和新生儿心理健康发展。

一、新生儿被动操的准备

做操最好在哺乳前 1 个小时左右，操作者要洗干净双手，摘掉手上的饰品，如果是冬天要把双手捂热。

二、新生儿被动操的方法

新生儿可以躺在床上、桌面上，要调节好适宜的高度。

做操的过程中最好配有节奏舒缓的音乐，做操之前要和新生儿轻声说话，每节操之前都要告诉新生儿下面要做什么动作了，一边做动作一边轻声地喊口令：“一二三四，二二三四，三二三四，四二三四”。声音要轻柔，语调要有节奏，保持微笑。

预备姿势：新生儿仰卧，母亲双手握住新生儿的双手，把拇指放在新生儿手掌内，让新生儿握拳。

1. 第一节　扩胸运动（见图 9—14）

（1）两臂胸前交叉。

（2）两臂左右分开。

（3）两臂胸前交叉。

（4）还原。

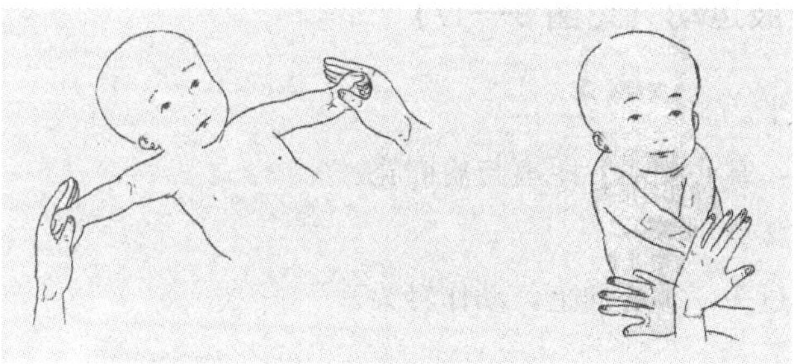

图 9—14　扩胸运动

2. 第二节　屈肘运动（见图 9—15）

（1）向上弯曲左臂肘关节。

（2）还原。

（3）向上弯曲右臂肘关节。

（4）还原。

3. 第三节　肩关节运动（见图 9—16）

（1）握住新生儿左手由内向外作圆形的旋转肩关节动作。

（2）握住新生儿右手做与左手相同的动作。

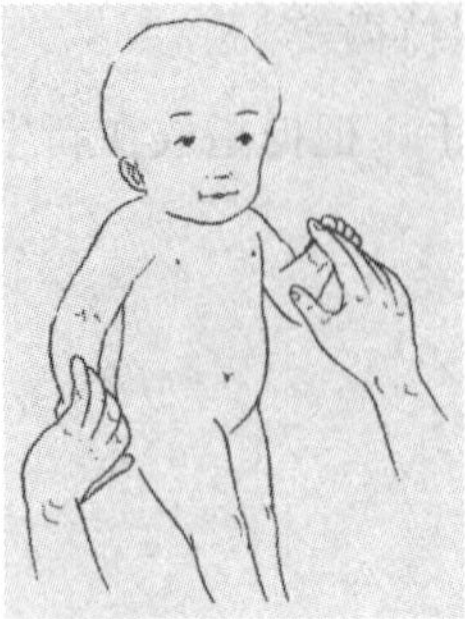

图 9—15　屈肘运动

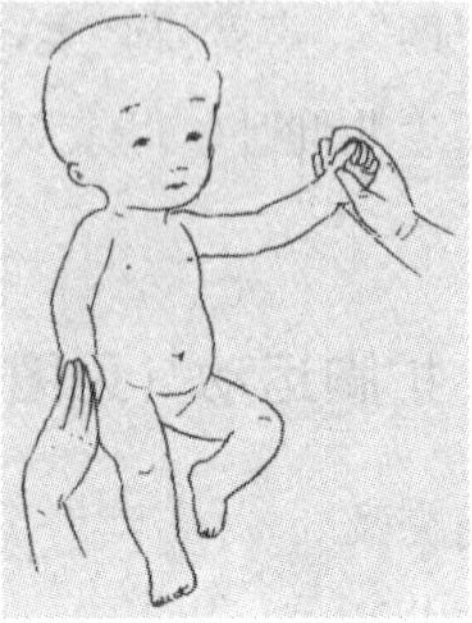

图 9—16　肩关节运动

4. 第四节　上肢运动（见图 9—17）

（1）双手向外展平。

（2）双手前平举，掌心相对，距离与肩同宽。

（3）双手胸前交叉。

（4）双手向上举过头，掌心向上，动作轻柔。

（5）还原。

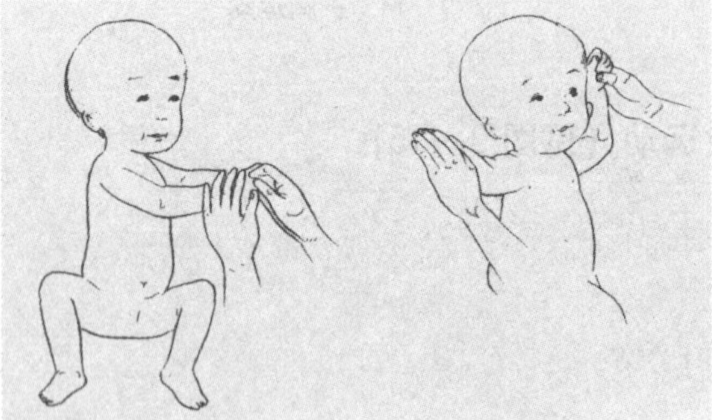

图 9—17　上肢运动

5. 第五节　踝关节运动（见图 9—18）

（1）屈伸左侧 5 个趾跖关节，反复 4 次。

（2）屈伸左侧踝关节，反复 4 次。

（3）做右侧动作。

6. 第六节　下肢伸屈运动（见图 9—19）

双手握住新生儿两下肢，交替伸展膝关节，做踏车样动作。

（1）左腿屈缩到腹部。

（2）伸直。

（3）右腿动作同左。

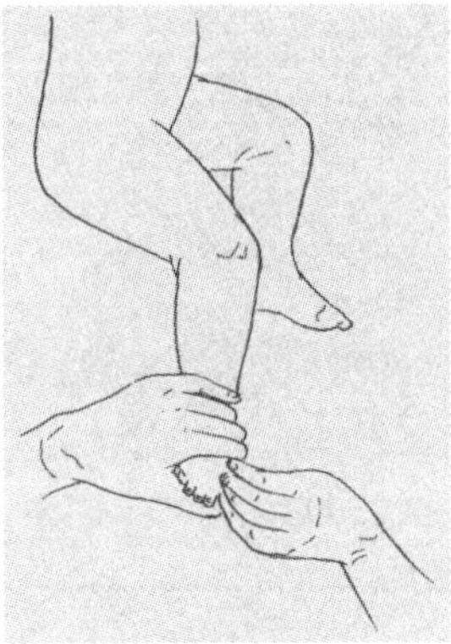

图 9—18　踝关节运动

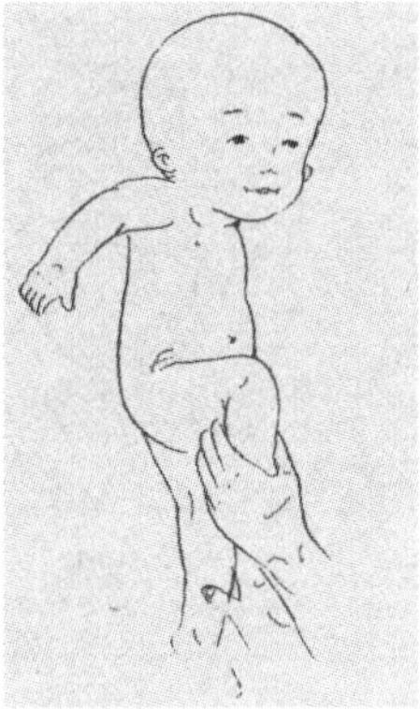

图 9—19　下肢伸屈运动

7. 第七节　举腿运动（见图 9—20）

两腿伸直平放，操作者两手掌心向下，握住新生儿两膝关节。

（1）将两腿伸直上举 90 度。

（2）还原。

（3）重复 2 次。

8. 第八节　翻身运动（见图 9—21）

新生儿仰卧，操作者一手扶新生儿胸部，一手垫于新生儿背部。

（1）帮助从仰卧转为侧卧。

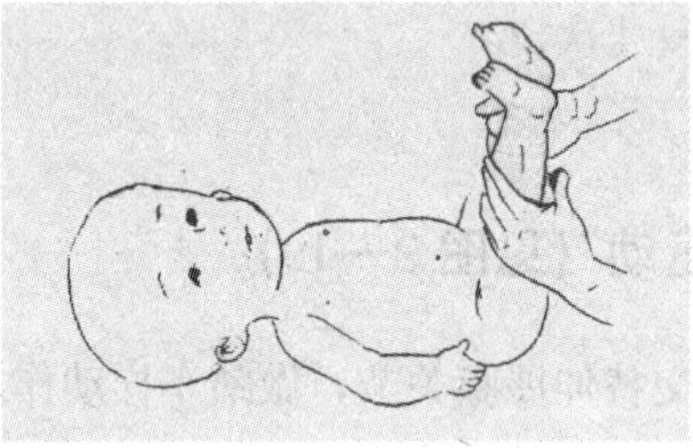

图 9—20　举腿运动

（2）从侧卧到俯卧，再转为仰卧。

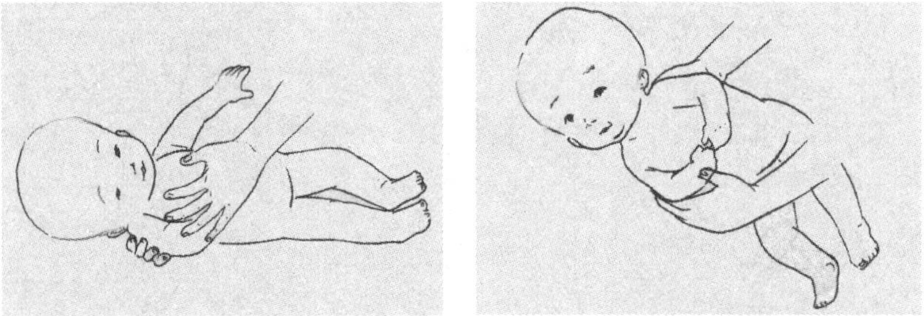

a)　　b)

图 9—21　翻身运动

9. 第九节　整理运动

操作者握住新生儿前臂轻轻抖动，再握新生儿小腿抖动，或让新生儿仰卧在床上自由活动 1～2 分钟，使全身肌肉、关节及精神逐渐放松。

三、被动操训练的注意事项

（1）必须在新生儿愉快的时候进行训练，如果他有抗拒的表达，就立即停止。

（2）每次训练只进行一项内容，一般每次训练 1 分钟左右。

（3）如果新生儿是裸体、半裸体的训练，要注意调节室内温度。

（4）应让新生儿在宽大的软垫上训练，在其他桌子和地板上训练时应注意安全。

（5）除母亲外，父亲也应当参与训练，让新生儿感受不同的训练气氛与方法。

第四节　新生儿“游泳”

让新生儿带着颈圈在水里泡着，这并非真正意义上的游泳，对于新生儿这种“游泳”所带来的益处，也有学者对此提出质疑。特别需要着重提示的是新生儿处于体重下降期时不宜进行“游泳”。

一、新生儿“游泳”的益处

（1）刺激新生儿大脑和神经系统发育，促进新生儿视觉、听觉、触觉和平衡觉的综合信息传递，激发新生儿潜能，为提高新生儿的智商和情商打下良好基础。

（2）新生儿“游泳”能够促使其胎便早排出，促进生理性黄疸早消退，生理性体重下降早恢复。

（3）新生儿“游泳”的运动量大，新生儿体力消耗大，促进胃肠道激素的分泌，增强其食欲和消化功能。

（4）增强新生儿的血液循环和呼吸功能，调节血液循环速度，增强心肌收缩力；通过水对胸廓的压力，促进新生儿胸部的良好发育，增加肺活量，提高心肺功能。

（5）新生儿在水中自主的全身运动能够促进其在宫内蜷曲已久的肌肉、关节、韧带和肌肉的发育，增强其骨骼、肌肉的灵活性和柔韧性。

（6）新生儿在水中“游泳”，会能使其感到身心舒适，有利于提高其睡眠质量。

二、新生儿“游泳”的准备

1. 新生儿准备

首先看新生儿是否吃饱，通常新生儿“游泳”应该在吃奶后半小时到一小时进行。另外，还要观察新生儿是否高兴，是否刚睡醒，是否有什么不舒服的地方，一定要在新生儿心情愉快的情况下，进行新生儿“游泳”操作。

提示注意：

(1) 新生儿打预防针的24小时之内，一般会有轻微的反应，请遵医嘱，不要让新生儿“游泳”或洗澡。

(2) 如果新生儿身体状况不好，有发烧、咳嗽，甚至气喘症状，则不应该让新生儿“游泳”，以免加重病情。

(3) 若新生儿出现呕吐、腹泻等消化道疾病，应待新生儿状态好转、体力恢复再“游泳”。

2. 用具准备

(1) 新生儿专用浴巾，要干燥，大小以包裹新生儿全身为适合。

(2) 一小块方巾，另准备一块干的毛巾备用。

(3) 新生儿洗发液、新生儿沐浴露、新生儿抚触油、新生儿爽身粉等。

(4) 新生儿将要更换的衣服、纸尿裤等。

(5) 水温计、新生儿游泳专用颈圈、一些可在水中漂浮的玩具。

3. 环境准备

室温须确保在26～28摄氏度以上，新生儿的体温调节中枢不完善，水温过高或过低均会对新生儿造成不利影响。在新生儿“游泳”的整个过程中，周边的环境会对新生儿的大脑形成一个完整的刺激。在新生儿“游泳”的环境里，周边可有色彩鲜艳的图画，上方可有能发出悦耳声音的风铃，游泳时播放轻柔的音乐，让新生儿有一个放松的环境。

4. 操作者准备

操作者最好是两个人，在操作之前请先洗手，修好指甲缘，摘掉手上的饰物，以免刮伤新生儿。在新生儿“游泳”的过程中，操作者要和新生儿进行语言交流，给新生儿唱儿歌，鼓励新生儿在池中转圈，“游泳”结束后要赞美、爱抚新生儿。

三、新生儿“游泳”训练的流程

新生儿“游泳”训练（见图 9—22）可以按照以下流程进行。

图 9—22 新生儿“游泳”训练

步骤 1：人员及物品准备，对设备安全的检查，包括游泳池、颈圈，并调试泳池水温。

步骤 2：给新生儿脱衣服，解开尿布。

步骤 3：一人抱住新生儿，用一只手托着新生儿头、颈、背部，另一手固定使新生儿头稍向后仰，另一人掰开颈圈开口处从新生儿颈前部套入颈圈，认真检查新生儿下颏部是否放在下颏槽内，下颏是否垫托在预设位置（使颈圈的内圈紧贴双下颏部位）。

步骤 4：扣紧安全扣和安全带。抱新生儿的人员托着新生儿头、颈、背部的手不改变，另一手托着新生儿臀部，要逐渐且缓慢入水。

步骤 5：婴儿自行“游泳”，时间为 10～15 分钟，进行全程监护，并与婴儿进行情感和语言交流。

步骤 6：“游泳”结束，用毛巾包住新生儿，打开颈圈搭扣，缓慢取下颈圈，用 75％的酒精或其他消毒液消毒脐部，垫好尿布，包裹好新生儿。

四、新生儿“游泳”的注意事项

（1）新生儿“游泳”期间必须专人看护，全程监护，监护人应与新生儿保持一定安全距离，以防突发事故。

（2）新生儿游泳圈使用前要进行安全检查，包括型号是否匹配、保险按扣是否牢固、游泳圈有无漏气。

（3）新生儿“游泳”结束后，用 75％的酒精或有关消毒液消毒脐部 2 次，并用一次性护脐带包扎。

（4）时间最好选择在喂奶前 40 分钟或在吃奶 1 小时后，1～2 次/天，每次游泳时间一般为 10～15 分钟。

（5）室内温度要求一般保持在 26～28 摄氏度。

泳池水温要求一般保持在 36～38 摄氏度。

（6）当在“游泳”过程中发现新生儿面色苍白、全身发抖时，必须停止。

（7）有下列情况者不宜参加“游泳”：

1）新生儿的生理性体重下降期间。

2）脐部感染的婴儿。

3）有宫内外窒息史的婴儿。

4）体弱儿，体重小于 2 500 克、胎龄小于 37 周的早产儿。

5）先天性畸形，如先天性心脏病、脑积水、心肺功能不良的患儿。

第五节　新生儿的五项行为训练

婴儿最初的第一个月是其一生中脑发育最快也是最重要的时期，婴儿的智能训练可以从出生后开始，在关键时期应给予充分的刺激。五项行为训练是新生儿最早、最基础的训练刺激。母婴护理师应根据婴儿大脑发育、神经系统发育等特点，科学地对新生儿进行大动作、精细动作、语言、情商以及感知觉五项行为训练，使婴儿的潜能得到充分发展。

一、新生儿的大动作训练

1. 抬头训练

（1）目的。锻炼颈部肌肉，扩大视野，促进智力发育。

（2）方法。新生儿在清醒状态下，四肢自然伸展，匍匐在母亲的胸腹前，母亲一边向后仰，一边说“宝宝抬头”，直至母亲仰卧在床，新生儿在移动过程中就会自然地将头抬起。移动过程中在新生儿头的两侧使用摇铃或拨浪鼓等发声玩具，训练其抬头并转头。每天4～5次，每次1～2分钟。

2. 爬行训练

（1）目的。锻炼新生儿颈、背、四肢肌肉运动，促进大脑及身体发育。

（2）方法。每天洗澡、皮肤抚摸后，让新生儿俯卧，用手心抵住新生儿足底，训练他以腹部为支点向前匍匐爬行。每天1～2次，每次1～2分钟。

二、新生儿的精细动作训练

所谓“十指连心”，人的大脑发育跟手指息息相关，新生儿的抓握训练有助于其语言和视觉的职能发育。

1. 目的

锻炼新生儿手指抓握能力，促进精细动作能力的发展。

2. 方法

（1）打开手指。当新生儿心情愉快的时候，可轻轻地掰开新生儿拇指，再将其他手指一起打开、并拢，再打开，边做边说话、唱歌。握住新生儿的手指时，最好是一根一根打开，再一根一根并拢，同时要轻柔地抚摸新生儿手指。

（2）刺激抓握反射。为了刺激新生儿的抓握反射，可以把一个带声音的玩具或一个颜色鲜艳的物体放在新生儿看得到和手能够够到的地方，并且鼓励他去抓，但别放得太远了，以免他因抓不到而感到沮丧、泄气。要多给新生儿准备一些容易抓住、有柄的东西。

（3）按摩强化抓握。每天都可以给新生儿做手指按摩操。按摩的部位可以是手指的背部、指腹部及两侧，但重点是指端，因为指尖上布满了感觉神经，是感觉最敏锐的部位，按摩指端更能刺激大脑皮层的发育。按摩时每个指头每回按摩两个8拍，每天1～2遍。

三、新生儿的语言训练

从婴儿呱呱坠地，他的语言发育就已经开始了。大脑的语言理解区域的发育比发音早，新生儿以及8个月的婴儿属于前语言理解阶段，在这个时期婴儿只会自发地发出一些单音节或双音节，一般还不能发出真正有意义的语音。但他正在作两个方面的准备，一是通过自发地发出各种声音在“自我训练发音”；二是通过成人的语音、动作、表情来“理解”语言。因此，要根据这些特点对婴儿进行有针对性的语言训练，给婴儿以积极的刺激，加快大脑的发育与成熟，促进他们的思维发展。

1. 目的

训练新生儿感受语言节奏和语调，为新生儿今后理解语言打下基础。

2. 方法

(1) 用温柔的语调、充满爱的语言多与新生儿交流。

1) 首先要把新生儿看成一个能听得懂大人话的婴儿，尽管新生儿不会说，但会有回应。只要婴儿醒着，随时与他亲切说话。在护理婴儿的时候提前告诉婴儿你要做的事情。如“哦！宝宝醒了，阿姨来了。”“宝宝，我们来换尿布。”“宝宝，吃饱了吗?”“宝宝别着急，妈妈马上就来了!”等。

2) 刺激发声。要经常逗新生儿发出声音，以促使他多发音，这是激活婴儿语言的前期准备。如对婴儿的身体和手脚挠痒，向新生儿扮鬼脸、吹口哨，同他捉迷藏等，逗他发出笑声。

3) 新生儿哭的时候，要给予言语的安慰。当他清醒时，放些优美音乐或儿歌促进他的听觉、语言发展。

(2) 经常给新生儿说唱歌谣。母婴护理师要经常给婴儿说唱歌谣，让婴儿感受语言节奏和语调，促进新生儿的听力和语言理解力。可以选择与婴儿日常生活有关的、简单易懂的三字儿歌等。

起床歌：小宝宝，起得早，睁开眼，眯眯笑，咿呀呀，学说话，伸伸手，要人抱。

穿衣歌：小胳膊，穿袖子，穿上衣，扣扣子，小脚丫，穿裤子，穿袜子，穿鞋子。

小铃铛：叮铃铃，叮铃铃，一会远，一会近，小宝宝，耳朵灵，听铃声，找到铃。

逛公园：逛公园，宝宝笑，东看看，西瞧瞧，花儿香，鸟儿叫，小草绿，小树摇。

做体操：小宝宝，做体操，伸伸胳膊，伸伸腰，从小就要练身体，健康宝宝乐陶陶。

捉迷藏：月光下，摇篮旁，宝宝听，妈妈讲，小猴子，捞月亮，月亮和他捉迷藏。

锻炼歌：吃饱饱，做早操，常锻炼，身体好，热爱劳动快长高，人人称赞好宝宝。

晒太阳：太阳公公眯眯笑，问候宝宝把手招，舒舒服服晒一晒，健康宝宝快长高。

摇篮曲：星星睡了月亮睡了，天上白云不动了，虫儿不叫了，小鸟不飞了，小宝宝睡着了。

两只老虎：两只老虎，两只老虎，跑得快，跑得快，一只没有眼睛，一只没有尾巴，真奇怪，真奇怪！

满天都是小星星：一闪一闪亮晶晶，满天都是小星星，挂在天空放光明，好像许多小眼睛。一闪一闪亮晶晶，满天都是小星星。

说唱婴儿的歌谣时，要表情生动、语速缓慢、吐字清晰。

(3) 手指歌谣

1) 大拇哥，二拇弟，中鼓楼，四兄弟，小妞妞（抓住婴儿的小手，边点着他的手指头边说），爬呀爬呀爬上山（用食指从胳膊一步步点到肩膀），耳朵听听（捏捏耳朵），眼睛看看（点点眼睛），鼻子闻闻（点点鼻子），嘴巴尝尝（点点嘴巴）。

2) 一个手指头，一个手指头，变呀，变呀，变呀，变呀，变成一只毛毛虫（左右食指放到一起向前拱动）。

两个手指头，两个手指头，变呀，变呀，变呀，变呀，变成一只小白兔（两根手指放在头顶）。

三个手指头，三个手指头，变呀，变呀，变呀，变呀，变成一只小花猫（三根手指放在嘴边）。

四个手指头，四个手指头，变呀，变呀，变呀，变呀，变成一只花蝴蝶（勾在一起翩翩起舞）。

五个手指头，五个手指头，变呀，变呀，变呀，变呀，变成一只大螃蟹（作螃蟹状向前行）。

3）一二三四五，上山打老虎，老虎不在家，遇见小松鼠，松鼠有几只，让我数一数，一二三四五。

4）大苹果，我（右手指着自己的胸，表情夸张）是一个大苹果（双手张开表示“大”）。小朋友们都爱我（双手食指点着前面的婴儿），请你先去洗洗手（双手做洗手的动作）。要是手脏（用右手食指点着左手手掌）别碰我（挥动右手表示“不”）！

四、新生儿的情商训练

新生儿对脸谱性的图形及人脸有与生俱来的敏感与喜好，多看脸谱图形可以形成对其他人的认识。

1. 目的

训练新生儿认识各种脸谱图形，认识他人，提高其人际交往适应性。

2. 方法

在新生儿床栏右侧距新生儿眼睛 20 厘米处挂黑白脸谱图形，模拟妈妈、爸爸、宝宝等的脸（见图 9—23 至图 9—25），隔 2～3 天换一幅图。或者不定期让不同的人与其面对面（约 20 厘米）交流，观察新生儿对脸谱图、脸孔的反应。

图 9—23　妈妈挂图

图 9—24　爸爸挂图

图 9—25　宝宝挂图

五、新生儿的感知觉训练

1. 视觉训练

（1）目的。发展形状知觉与注意力，促进视觉发展。

（2）方法

1）在新生儿的小床上方，距新生儿面部 20 厘米处（距离过远或过近新生儿都看不清楚）悬挂一些五颜六色的玩具。也可用一个直径 10 厘米左右的红球逗引他，当婴儿看到后，再缓慢地按弧线移动玩具，使新生儿的两眼随着红球移动的方向转动。

2）在新生儿床栏右侧距新生儿眼睛 20 厘米处挂图，新生儿睡醒时，他会睁开眼睛到处看。新生儿最喜欢的是模拟母亲脸的黑白挂图，也喜欢看对比强烈的条纹、波纹、同心圆、棋盘格等图形（见图 9—26 至图 9—30）。每隔 3～4 天应换一幅图并观察新生儿注视新画的时间，记录他注视哪张图片时间长（最长可注视 15 秒钟）。一般新生儿对新奇的东西注视时间比较长，对熟悉的图画注视的时间短。婴儿满月后可换上彩图。

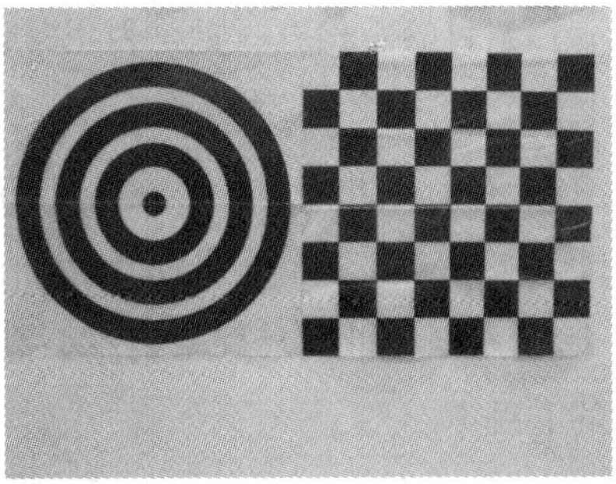

图 9—26　同心圆及棋盘格挂图

图 9—27　条纹及波纹挂图

图 9—28　格子挂图

图 9—29　桃心挂图

图 9—30　桃心和条纹挂图

2. 听觉训练

（1）目的。检查听觉是否正常，训练和促进听觉发育。

（2）方法

1）在新生儿醒时，可在其耳部 30 厘米处轻轻摇动玩具，发出响声，声音清新悦耳，且不能音量过大，新生儿出现眨眼、皱眉、啼哭或啼哭停止等反应，说明听力正常。

2）抱新生儿时最好采用左手抱的姿势，让其尽量靠近母亲的心脏，以便清晰地听到母亲的心跳声。

3）可以在小床上系上不同音质或音调的发声玩具，以刺激听力细胞，促进听力发育。

4）平时多和新生儿轻声说话，哼唱或播放一些节奏舒缓、旋律优美的经典音乐。

5）在家里的阳台上挂一只风铃，让风吹动风铃发出悦耳的声音。

6）给新生儿听各种玩具发出的声音，如摇铃、拨浪鼓、八音盒、橡胶玩具等（见图 9—31 至图 9—34）。让新生儿听铃铛、喇叭声，以区分它们的不同。

a)

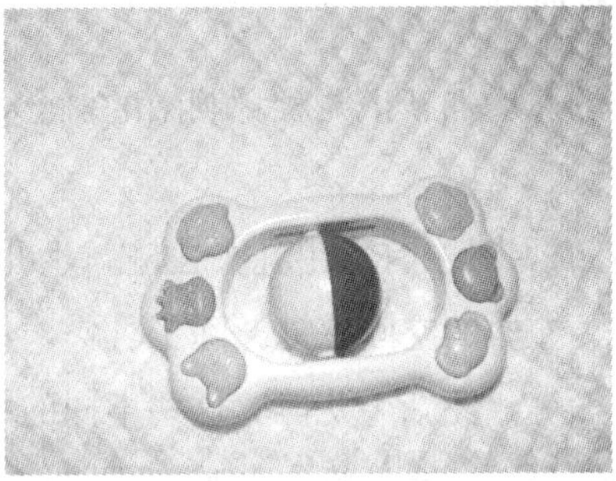

b)

图 9—31 摇铃

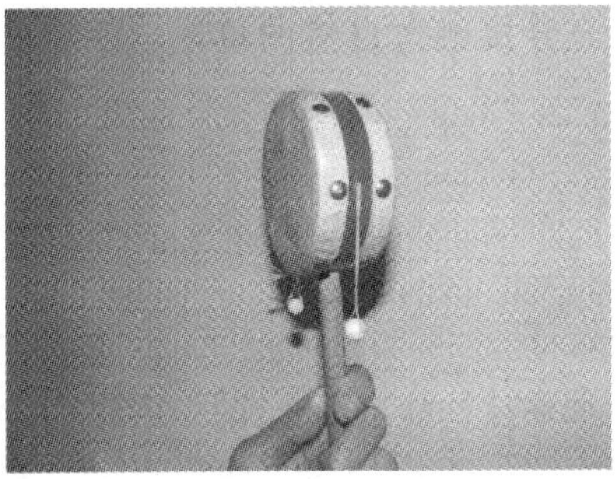

图 9—32 拨浪鼓

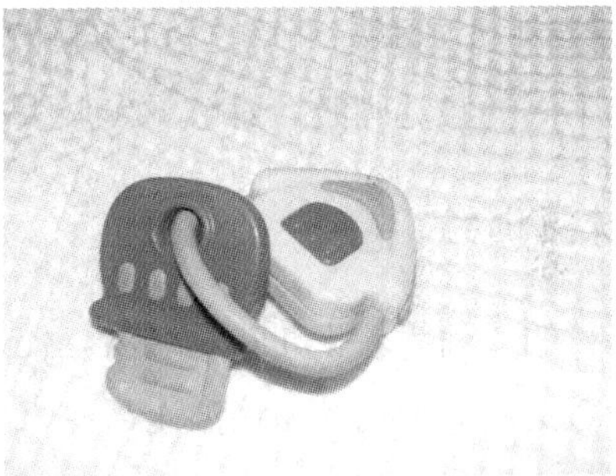

图 9—33 八音盒

图 9—34 橡胶玩具

7）听父亲、母亲及家里其他人的脚步声和说话声。

8）听家里人和陌生人的声音，分辨男人和女人的声音。

9）让新生儿多听日常活动中的各种声音，如走路声、开门声、流水声、炒菜声、说话声、物体碰撞声等，给新生儿营造一个真实的、有声的世界。

10）带新生儿到公园等自然环境中去，聆听鸟声、动物的叫声、流水声等，都可以促进听觉的发育。

3. 触觉训练

（1）目的。增加新生儿触觉刺激的机会，促进触觉的发展。

（2）方法

1）哺乳时，母亲有意用乳头去碰新生儿的上唇、下唇、下巴、左脸颊或右脸颊，训练新生儿上下、左右的空间感觉。除了乳头，也可以用手、纱布、吸管等东西去碰新生儿的上下嘴唇和脸颊等，让新生儿体验这些不同的感觉。

2）以顺时针方向在新生儿腹部划圆抚触按摩，双手由新生儿胸部中央向外抚触按摩。

3）用不同材质的毛巾给新生儿洗澡，让新生儿接触多种材质的衣物和玩具。

4）带新生儿到家庭环境之外的自然环境中，充分接触大自然的草地、沙地、植物等，给新生儿不同的触觉刺激，对触觉发展大有帮助。

4. 味觉训练

（1）目的。训练新生儿味觉刺激，促进味觉的发展。

（2）方法。分别用纱布沾温水、冷水、糖水、水果汁、盐水等，涂抹在新生儿嘴唇或舌头上 1～2 次，对新生儿味觉是个很好的刺激训练。

5. 嗅觉训练

（1）目的。通过新生儿嗅觉的刺激，促进新生儿味觉的发展。

（2）方法。让新生儿闻多种味道比较浓厚的水果，如柠檬、草莓等，训练他把头转向发出水果香味的地方。让新生儿闻各种各样的气味，其嗅觉会变得敏锐、发达。

知识窗

新生儿对噪声的敏感度比成人大，高分贝的噪声会毁坏新生儿内耳里的“感应接收器”，“感应接收器”一旦受损，就不能把声音传送给大脑了，渐渐地听力在噪声干扰下越发减退。

在噪声环境中保护新生儿听力的4项措施：

1. 避开生活中常见的噪声污染源，如电视机音量尽可能调小一点，不让新生儿听高音量的立体声音响，更不要带新生儿到高分贝噪声的场所。

2. 如果生活周围有长时间的噪声，可以考虑给新生儿戴上保护听力的耳塞，或者带着新生儿远离噪声源。

3. 确保家里所有的加热设备和制冷电器在噪声方面都能够达到合格的标准。

4. 如果居住的房子处于车水马龙的环境中又无条件搬离时，最好在房间的布置和安排上做一下小小的调整：更换密封性更好的窗户或门，选择静音的加热和通风设备，尽量让新生儿呆在受外界噪声影响最小的房间里。